AF277678

Londres

ANAYA
TOURING

Autora: **Elisa Blanco Barba**

Responsable de proyecto: **David Lozano**
Edición y maquetación: **Susana Folgado**
Cartografía: **ANAYA Touring**
Diseño tipográfico y de cubierta: **marivies**

Procedencia de las fotografías: 123RF: 65, 75 sup. AGE: 15 sup., 19 sup., 58 izda. Dreamstime: Aguina: 51 inf., Baker, D. cabecera Info, Beataaldridge: 60 izda., Bensman, F.: 88 sup., Campbell, J.: 88 inf., Cpenler: 68, Dorney, C.: 80 dcha., Faustov, A.: 109, García Saz, A.: 89, Hansche, S.: 11 inf., Huang, W.: 48, Jiawangkun: 86, Kean, B.: 19 centro, Kmiragaya: 35, Kmiragaya: 95, Kozakiewicz, S.: 103 inf., Mairead: 31, Patrickwang: 10 sup., Pixelife: 51 centro, Poendl, P.: 8, Prijic, S.: 50,Silis, O.: 30, Stcool: 112, Valigursky, M.: 24, VShots: 44, Whittingham, B.: 19 sup., Why, A.: 75 inf., Xantana: 83. Grupo Anaya: 12. iStockphoto: 115, 35 sup., 43 izq.,52, 53, 60 dcha., 64, 73 (2)., 76, 77 inf., 79, 94 inf., Benedek: 21 izda., Cabecera 10 Indisp.: 18, Chrisdorney: 111, Coldsnowstorm: 81 izda., Coward_lion: 63, Danaibe12: 90, Delpixart: 23, Fedoren, A.: 61 dcha., FGM: 93, Frankix: cabecera Excursiones, Futurewalk: 92 izda., Gala, B.: 27 inf., Georgeclerk: 100, Gipi23: 37 sup., Irisphoto2: 59, Luoman: 9, Market, S.: 54, Mircea Balate, C.: 61 izda., Moussa81: 92 dcha., Petekarici: 111 sup., Rixipix: 96, SergioZacchi: 94 sup., Shaftesbury, A.: 57 izda., SHansche: 16-17, SHansche: 56, Shots, W.: 37 inf., Sjhaytov: 18, Starcevic: cabecera Dónde, Tekinturkdogan: 72, Tolga_TEZCAN: 70, TonyBaggett: 14, TonyBaggett: 81 dcha., Tower, O.: 57 inf., Tsyganova, A.: 66, VV Shots: 113, VV Shots: 51 sup., Whitelook: 2, Whitemay: 107, Wirestock: 99, Zolotov, V.: 26 sup., Zolotov, V.: 74. Lezama, D./ Anaya: cabecera Visita, 34, 38, 43 dcha., 57 sup., 103 sup. Shutterstock: Allen, S.: 21 dcha., BBA Photography: 77 sup., Bemissu: 58 dcha., Chrisdorney: 42, Cktravels.com: 36 inf., Claudia8c: 40, Cowardlion: 69, Estivill, M.: 87, Huang, W.: 30, Kiev.Victor: 67, Kruklitis, I.: 46, Kuis, J.: 80 izda., Lawrence Images, C.: 62, Lawrence Images, C.: 82, legacy1995: 27 sup., Lim, E.: 20 dcha., Malcolm P.: cabecera Barrios, Mistervlad: 28, Mistervlad: 36 sup., Mistervlad: 45, Pajor, L.: 78, Pierdomenico, A.: 19 inf., Shah, A.: 41, Taha, M.: 114, Tim M.: 39, Zefart: 26.

12ª edición, 2025

© Grupo Anaya, S. A., 2025
   Valentín Beato, 21. 28037, Madrid
   www.guiasdeviajeanaya.es

Depósito legal: M-23.240-2024
ISBN: 978-84-9158-870-2
Impreso en España-Printed in Spain

PAPEL DE FIBRA
CERTIFICADO

La información contenida en esta guía ha sido cuidadosamente comprobada antes de su publicación. No obstante, dada la naturaleza variable de los datos, recomendamos su verificación antes de salir.

Contenido

Cómo usar esta guía

Esta **Guiarama** de **Londres** se divide en seis secciones que abarcan los aspectos más importantes de la visita a Londres.

Una mirada a Londres, páginas 7-15

Diez lugares inolvidables, páginas 17-31

La elección de la autora de los diez lugares más atractivos de la ciudad, todos con información práctica.

Visita a la ciudad, páginas 33-95

Se divide la visita en tres partes: Explorar Londres, dedicada al centro de la ciudad; A un paso de Londres, donde se describen otros barrios y Excursiones desde Londres. Cada parte incluye una introducción y el listado de los lugares más interesantes.

Dónde ..., páginas 97-127

Información detallada sobre restaurantes, alojamiento, compras, ir con niños y ocio.
Información práctica, con información general para viajar.
Índices de lugares citados en el texto.

Mapas y planos

Todos los lugares citados en la visita incluyen la referencia de su situación, en los planos de las páginas 129-142. Por ejemplo, el City Hall va acompañado de la referencia 🕓 13 (B2) que indica la página del plano (13) y las coordenadas (B2) donde se halla el edificio.
También aparece un mapa para viajar por los alrededores de Londres pag. 84-85.

Excursiones desde **Londres**

Palacio de Buckingham

Precios

El precio aproximado de los establecimientos se indicará mediante los signos:

C caro, **M** moderado y **E** económico.

Clasificación por estrellas

La mayoría de los lugares descritos en el libro se han clasificado por su grado de interés como sigue:

***   Visita obligada
**   Muy interesante
*   Interesante

Símbolos utilizados

A lo largo de la guía se han utilizado símbolos sencillos y claros para indicar las siguientes categorías:

- 🕐 referencia a los planos del final de la guía
- ✉ dirección o localización
- ☎ número de teléfono
- 🕐 horario
- 🍽 restaurante o café
- Ⓜ estación de metro más cercana
- 🚌 rutas de autobús o tranvía
- 🚆 estación de tren más cercana
- ⚓ ferry más cercano
- ✈ aeropuerto
- ℹ información turística
- ♿ servicios para discapacitados
- 💰 precio de la entrada
- ✚ otros lugares de interés cercanos
- 🔋 más información práctica
- 📷 referencia a la página con
  información más detallada

Una

mirada

Presentación

▲ Monumento de la reina Victoria, enfrente de Buckingham Palace.

Londres es el destino preferido del turismo internacional en Reino Unido, y se encuentra entre los favoritos a nivel mundial. Con frecuencia la ciudad se asocia al turismo de fin de semana, sobre todo cuando se trata de visitantes europeos. La competencia entre las compañías aéreas y la amplia oferta hotelera hace que cada vez las estancias en la ciudad resulten más económicas. Esto democratiza el destino; sin embargo, también lo globaliza, con el consiguiente aumento de las colas en las principales atracciones, sobre todo en temporada alta.

Valorando la duración de la estancia y las inquietudes del visitante, este debe tener en cuenta que un fin de semana va a resultar insuficiente para completar algunas rutas interesantes e incluso para ver algunos de los monumentos y museos imprescindibles. Por eso, si no hay posibilidad de tomarse unos días más, no queda más remedio que organizarse. Para ello, hay que plantearse varios puntos básicos: madrugar para llegar a los principales lugares turísticos; agrupar las visitas por zonas, para no perder demasiado tiempo en los traslados, y tener en cuenta los días de descanso y los horarios de las atracciones turísticas.

Algunos museos tienen horario nocturno, con lo cual, el día se puede aprovechar para realizar otras visitas. Si el viaje se lleva a cabo en verano, aparte de ser temporada alta, hay que saber cuáles son los eventos exclusivos de este periodo; por ejemplo, la apertura del Palacio de Buckingham. Este abre sus puertas durante las vacaciones del monarca en agosto, pero también en septiembre, un mes menos concurrido y con unas temperaturas agradables. Para valorar todos estos factores es recomendable visitar las páginas web oficiales de los organismos que se incluyen en la guía. En ellas se actualiza constantemente la información más útil para el viajero: horarios, días festivos, exposiciones temporales, tarifas...

La ciudad se adapta a todos los bolsillos y a cualquiera de los planes que trace el visitante. Visitas a museos y monumentos; paseos a lo largo de sus parques o recorriendo las orillas del Támesis; obras de teatro o musicales. Existen tantos Londres como la imaginación del visitante consiga crear. Desde la óptica de la monarquía a la de The Beatles; de lo tradicional a lo moderno; o de lo reposado a lo dinámico... cada estancia será única.

Perfil de Londres

▍Geografía

Se halla a orillas del río Támesis, en el sureste de la isla de Gran Bretaña. El Gran Londres, creado el 1 de abril de 1965, es una de las nueve regiones de Inglaterra, y posee el rango de condado. Comprende 32 concejos municipales *(London boroughs)* junto a la City que, en el medievo, constituía la extensión total.

▍Población

Viven aquí cerca de 9 millones de personas, mientras que en el área metropolitana se acerca a los 15. Con una gran diversidad étnica y religiosa, en Londres se hablan más de 300 lenguas y conviven más de 50 nacionalidades con más de 10.000 habitantes. Más del 45 % de la población pertenece a una minoría étnica.

▍Economía

La City of London es el principal centro bancario del mundo y de los negocios en Europa. Más de un 85 por ciento de la población trabaja en la industria. El turismo es otro gran activo económico para la ciudad. Por contra, la City of Westminster se constituye como el principal distrito cultural, de entretenimiento y de consumo.

▍Política

El Gobierno local se administra en dos niveles: el inferior, integrado por 33 autoridades encargadas de los asuntos particulares de sus distritos, y uno global, coordinado por la Autoridad del Gran Londres (GLA). Esta se subdivide en la Alcaldía, que posee el Poder Ejecutivo, y la Asamblea, que aprueba o rechaza las decisiones tomadas por el alcalde y tiene su sede en el Ayuntamiento. También es la sede del Gobierno de Reino Unido, y está ubicada en las Casas del Parlamento, en Westminster. El primer ministro reside en el número 10 de Downing Street.

▍Londres en cifras

Estado soberano: Reino Unido
País: Inglaterra
Región: Gran Londres
Distritos: 32 + City of London
Alcalde: Sadiq Khan
Coordenadas: 51° 30′ 29″ Norte 00° 07′ 29″ Oeste
Altitud: 24 m
Superficie: la City 2,6 km^2
Área metropolitana: 1.738 km^2
Gentilicio: londinense
Zona horaria: GMT (una hora menos que en la España continental).

▼ Palacio de Westminster con su famoso Big Ben.

La **esencia** de **Londres**

Conocida por su diversidad, quizás sea esta la que alimenta la vitalidad que invade sus calles, en las que se observa que ni las estandarizaciones ni las clasificaciones de ningún tipo son válidas. Durante la convivencia diaria se mezclan colores, razas, nacionalidades y religiones con la naturalidad que da la cotidianeidad, mientras que en las festividades coexiste la tradición monárquica con actos tan informales y coloridos como el Carnaval de Notting Hill o la Cabalgata del Orgullo Gay. En sus campos se juega al fútbol, al rugby... pero también al tenis y al críquet; el té sigue acompañándose de pastas a las cinco, y en los pubs se disfrutan las pintas de cerveza. La fusión cultural se ve en los mercadillos callejeros; en las tiendas vintage y en las colecciones de los más prestigiosos diseñadores.

No hay que perderse...

Entre las múltiples experiencias inolvidables que aguardan al visitante en Londres, ningún visitante debería perderse las que siguen:

▍**Museos y galerías de arte,** financiados por organismos públicos, de entrada gratuita.
▍**Cambio de Guardia en Palacio de Buckingham,** consultando las fechas y horarios para no llevarse sorpresas, *www.changing-guard.com/dates-buckingham-palace.html.*
▍**Espectáculos en Covent Garden** con magos, mimos o músicos, *coventgarden.london.*
▍**Mercados londinenses,** de ropa, muebles, frutas, verduras… *www.ilovemarkets.co.uk.*
▍**Speaker's corner,** en el noreste de Hyde Park, donde se encuentra la esquina del orador y se escucha y se dan discursos, *www.speakerscorner.net.*
▍**Blue plaques,** unas 1.000 placas azules situadas en las fachadas de las residencias de importantes personajes, *www.english-heritage.org.uk/visit/blue-plaques.*
▍**London Stone.** Símbolo de Londres, está situada en Cannon Street, enfrente de la estación.
▍**Asistir a una celebración familiar** si se tiene ocasión, especialmente a una boda. Se prolongan durante varios días y tienen un carácter multitudinario.
▍**Un debate en las Casas del Parlamento.** Aconsejable consultar las fechas, *parliament.uk.*

▲ Guardia Real.

◀ Ayuntamiento.

▼ Puente de la torre de Londres sobre el río Támesis al atardecer.

Un poco de historia

▲ Bolsa Real en una ilustración del siglo XVIII.

▌ Londres Olímpico

En el verano de 2012 se celebraron aquí los XXX Juegos Olímpicos y los XIV Juegos Paralímpicos. Era la tercera vez, pues Londres ya fue sede en 1908 y 1948. El evento se organizó alrededor de tres núcleos, que fueron objeto de importantes remodelaciones: el Parque Olímpico, al este; el Núcleo Central, en la zona histórica, y el Núcleo Fluvial, a ambos lados del Támesis, en la antigua zona portuaria de los Docklands y Greenwich. Muchas instalaciones olímpicas se han conservado, y ahora forman parte de la ciudad.

43 d.C.	Claudio invade Britannia y se establece en el puerto de Londinium.
60-200	Los romanos construyen una ciudad imperial. En el año 200, levantan unas murallas alrededor de Londinium.
410	Los romanos se retiran en el ocaso de su Imperio.
siglo V	Los anglosajones llegan a la zona y se establecen en Lundenwic, a 1 km de Londinium, en la zona de Covent Garden.
851-890	Los vikingos invaden y destruyen gran parte de Londres. En el 886, el rey Alfredo reconquista la ciudad.
978	El rey Aethelred establece la capital en la ciudad y promulga las Leyes de Londres.
994	Los vikingos intentan invadir Londres, de nuevo sin éxito.
1013	Canute asedia la ciudad y Aethelred escapa del país. La ciudad cae en manos de vikingos.
1042	Tras la muerte de Canute, los anglosajones retoman el poder con Eduardo, *el Confesor.*
1066	Tras la batalla de Hastings, Guillermo *el Conquistador* es coronado rey de Inglaterra. Los normandos se hacen con el poder.
1348	La peste negra (*The Black Death*) mata a un tercio de la población londinense.
1381	Se produce la Revuelta de los Campesinos (*Peasants' Revolt*) liderada por Wat Tyler. Un Toman la Torre de Londres, saquean la ciudad y prenden fuego algunos edificios.
1485-1603	El Gobierno de los Tudor transforma Londres en la ciudad más próspera de Europa. Crece la vida cultural alrededor de los teatros por el mecenazgo de la reina Elizabeth I.
1603	Comienza el periodo Estuardo, hasta 1714.
1642	Durante la Guerra Civil inglesa, Londres se convierte en la sede del Parlamento.
1649	Finaliza la Guerra Civil con la ejecución de Carlos I y la subida al poder de Cromwell.
1656	La música y la ópera florecen, apoyadas por Cromwell. Se representa la primera ópera en Londres: *El sitio de Rodas.*
1660	Se restaura la monarquía con Carlos II.
1665	60.000 personas mueren debido a la Gran Plaga (*The Great Plague*).

1666 El 2 de septiembre comienza el Gran Incendio en una casa de Pudding Lane, destruyendo el 60% de la ciudad.

1829 El primer ministro, Robert Peel, crea la Policía Metropolitana. Sus miembros son conocidos como *bobbies* o *peelers.*

1836 Se inaugura la primera línea de ferrocarril desde London Bridge a Greenwich.

1851 Se celebra la Exposición Universal en el Palacio de Cristal en Hyde Park.

1858 Las aguas residuales vertidas al Támesis dan lugar a epidemias, lo que se conoce como Gran Hedor *(The Great Stink).*

1863 Se inaugura la primera línea del metro de Paddington Station a Farringdon Street.

1877 Se juega por primera vez el torneo de tenis organizado por *All England Lawn Tennis and Croquet Club* en Wimbledon.

1940-1945 Entre el 7 de septiembre de 1940 y el 10 de mayo de 1941, Londres sufre 71 ataques aéreos alemanes. 30.000 londinenses mueren durante la II Guerra Mundial y 50.000 son heridos. El área de los Docklands es la más afectada.

1948 Juegos Olímpicos de Verano.

1952 4.000 personas mueren a causa de la Gran Niebla (*Great Smog*). La combustión del carbón, gran fuente energética, causa una niebla tóxica durante días.

1960's *Los Beatles* y los *Rolling Stones* hacen de Londres el centro de la cultura musical. Carnaby Street se convierte en referencia para la moda mundial.

1972-1982 Se construye el dique del Támesis.

1981 El heredero al trono, Carlos de Inglaterra, príncipe de Gales, se casa con Lady Diana.

1982 Nace el heredero al trono británico, Guillermo, primogénito de Carlos y Diana.

1994 El 6 de mayo se inaugura el túnel que une Inglaterra con Francia bajo el Canal de la Mancha por ferrocarril.

1997 Fallece Lady Di en un accidente de tráfico en París. Su multitudinario funeral se celebra en Westminster.

2002 Isabel II celebra 50 años en el trono.

2005 El 7 de julio la ciudad sufre ataques terroristas, con numerosas víctimas.

2005 Se celebra el 90º cumpleaños de Nelson Mandela con un concierto en Hyde Park.

▌El Londres actual

2011. Boda Real en Londres entre el príncipe Guillermo y Catherine Middleton.

2012. Londres organiza los Juegos Olímpicos. Isabel II celebra 60 años en el trono.

2013. 150º aniversario del metro de Londres. Nace el primer hijo de los príncipes de Gales, George.

2016. Es elegido alcalde, el laborista Sadiq Khan. Es el primer alcalde de origen musulmán en una capital europea. Reino Unido vota en referéndum la salida del país de la Unión Europea. El primer ministro David Cameron dimite y le sucede Theresa May.

2018. Boda Real entre el príncipe Enrique y la actriz Meghan Markle.

2020. Se produce la salida de Reino Unido de la Unión Europea.

2021. Fallece el duque de Edimburgo a los 99 años en el Castillo de Windsor.

2022. Isabel II retira a su hijo Andrés los títulos y honores militares tras las acusaciones de abuso sexual. La reina celebra sus 70 años en el trono. Unos meses después fallece en el castillo de Balmoral en Escocia a los 96 años.

2023. El 6 de mayo es coronado el rey Carlos III en la abadía de Westminster.

2024. Después de catorce años los laboristas vuelven al gobierno en la persona de Keir Starmer.

Arte y cultura

La literatura

En el siglo XVI y principios del XVII, el Teatro Globe acogió a la compañía teatral *Lord Chamberlain's Men,* con obras de **William Shakespeare,** como *El rey Lear, Macbeth, Hamlet, Otelo,* etc. En 1722, **Daniel Defoe** recreó la Gran Plaga de 1665 en *Un diario del año de la peste.* En el siglo XIX **Charles Dickens** reflejó el Londres victoriano desde la óptica de las clases populares y marginales en obras como *Oliver Twist* o *David Copperfield.* En el número 221 B de Baker street habitó el famoso detective Sherlock Holmes, creado por **Sir Arthur Conan Doyle.**

En Kensington Gardens está la estatua de Peter Pan. **J. M. Barrie,** su creador, la encargó en 1912. **George Bernard Shaw** escribió *Pigmalion* en 1913, la historia de la metamorfosis de una florista de Covent Garden en una refinada dama. El posterior musical y la película *My Fair Lady* tuvieron gran éxito. **Virginia Woolf** escribió varios libros sobre la ciudad, pero *Mrs. Dalloway,* de 1925 es su novela más "londinense". En 1933 **George Orwell** en *Sin blanca en París y Londres* retrata la pobreza de los años veinte.

El cine

Muchos directores han elegido esta ciudad como escenario para ambientar sus obras: **Alfred Hitchcock,** londinense de nacimiento y maestro del suspense, rodó muchas de sus películas en la ciudad como *El hombre que sabía demasiado* (en sus dos versiones, de 1934 y 1956), *Los 39 escalones* (1935) y *Frenesí* (1972); y **Woody Allen,** actor y director de culto, cambió su amada Nueva York por Londres. En la ciudad ha completado una trilogía formada por: *Match Point, Scoop* y *El sueño de Casandra.*

La música

La Royal Opera House y el Coliseum Theatre están dedicados a óperas en lengua inglesa. En la década de 1960 surge el pop. Grupos como **The Beatles, The Kinks** y **Rolling Stones** hicieron que la ciudad fuese apodada como *Swinging London* gracias a su efervescencia cultural. En los setenta, los **Sex Pistols** y **The Clash** desarrollaron la música punk. En Londres se establecieron músicos como **Bob Marley, Jimi Hendrix, Elton John** o **David Bowie,** y grupos como **Pink Floyd, The Who, Queen** o **Led Zeppelin.**

▲ William Shakespeare.

Literatura y música contemporánea

Las escritoras del momento son **J.K. Rowling,** creadora de la saga del mago *Harry Potter* (1997) y **E. L. James,** autora de la novela erótica *Cincuenta sombras de Grey*.

En la década de 1990 resurge el britpop. Sus máximos exponentes son **Blur** y **Oasis,** influidos por grupos de los 60, sobre todo The Beatles, The Rolling Stones y The Kinks, y por grupos indies de los 80, como **The Smiths.** En el siglo XXI, **Coldplay** lidera las listas de ventas, así como la fallecida **Amy Winehouse** y **Adele.**

Personajes famosos

❙ Christopher Wren (1632-1723)

Fue el arquitecto que reconstruyó la catedral de St. Paul tras el Gran Incendio de 1666, junto a otras 52 iglesias más. San Pablo, cuyo diseño se inspira en la basílica de San Pedro de Roma, es la única catedral de estilo renacentista del país. Wren anteriormente se había dedicado a la astronomía y a la física, y fue uno de los fundadores de la Royal Society, la sociedad científica más antigua de Reino Unido. Miembro del Parlamento, en 1673 le fue concedido el título de Sir.

❙ Virginia Woolf (1882-1941)

Una de las autoras favoritas del movimiento feminista, Adeline Virginia Stephen adoptó el apellido Woolf en el año 1912 tras casarse con Leonard Woolf. Ambos pertenecían al grupo de Bloomsbury, una serie de intelectuales británicos que, en el primer tercio del siglo XX, destacaron en el terreno de la cultura. Aunque escribió al principio de su carrera ensayos y crítica literaria, destacó como novelista con obras como *Mrs Dalloway, Al faro* y *Orlando.* En 1941 se suicidó, ahogándose en el río Ouse.

▲ Virginia Woolf.

❙ Alfred Joseph Hitchcock (1899-1980)

Maestro del suspense, de origen humilde, comenzó rotulando películas de cine mudo para la compañía Famous Players Lasky. Después trabajó como montador, director artístico y guionista. En 1925 dirigió su primer film y en 1929 realizó la primera película de cine sonoro en Inglaterra *La muchacha de Londres.* En 1939 se trasladó a Hollywood, donde desarrolló una exitosa carrera en el cine y en la televisión con *Alfred Hitchcock presents.* En 1968 recibió un Oscar honorífico al conjunto de su carrera y en 1980 la reina Isabel II le concedió el título de Sir.

❙ Isabel II (1926-2022)

Coronada en 1952 tras la muerte de su padre Jorge VI, ostenta el reinado más largo tras superar a la reina Victoria en 2015. Fue la primera mujer de la familia real que sirvió en el ejército. En 1947 se casó con Felipe de Edimburgo, con él tuvo cuatro hijos: Carlos, Ana, Andrés y Eduardo. Divorcios y escándalos de sus hijos lograron que la monarquía se tambalease, con su punto crítico tras la muerte de Lady Di en 1997. Sin embargo, Isabel se mantuvo estoicamente. Su marido, el duque de Edimburgo murió en 2021. En 2022 celebró sus 70 años como monarca y falleció unos meses después en Balmoral.

▼ La Reina Isabel II.

10
Lugares
inolvidables

British Museum

De enormes dimensiones, es el museo más grande del Reino Unido, reúne bajo su techo una fabulosa colección de arte antiguo, compuesta de más de siete millones de piezas que abarcan dos millones de años de la historia de la humanidad.

En 1753 fallecía Sir Hans Sloane, físico, naturalista y coleccionista. El testamento recogía su deseo de salvaguardar su colección de 71.000 objetos y libros y, gracias a la aprobación del Parlamento y a la recaudación de fondos mediante lotería pública, el Estado adquirió la colección por 20.000 libras. El museo como tal recibió la aprobación real el 7 de junio de 1753 y fue inaugurado el 15 de enero de 1759 en la Casa Montagu.

Sus fondos se vieron aumentados en el año 1772 con la compra de la colección de vasijas griegas y objetos clásicos de Sir William Hamilton; también en 1802, cuando se adquirió la piedra Rosetta, pieza clave para el descubrimiento del lenguaje jeroglífico egipcio, y otras antigüedades procedentes de Egipto.

Tras varias ampliaciones y remodelaciones a lo largo del tiempo, en 2000 se inauguró el **Gran Atrio de la Reina Isabel II**, diseñado por Norman Foster, en el lugar que ocupaba la biblioteca. Destaca su espectacular techo de cristal y acero. En el centro se ubica su restaurada sala de lectura. En 2003 el

Info

- 5 (C1)
- Great Russell Street, Londres WC1B 3DG
- www.britishmuseum.org
- 10-17 h; viernes hasta las 20.30 h
- Tottenham Court Road, Holborn, Goodge Street y Russell Square
- 1, 8, 10, 14, 19, 24, 25, 29, 38, 55, 59, 68, 73, 91, 98, 134, 168, 188, 242, 390 y X68.
- Sir John Soane's Museum y Charles Dickens Museum
- Excelentes
- Court Cafés, Great Court Restaurant, Pizzeria o Coffee Lounge
- Gratuito

museo celebró su 250 aniversario con la reforma de la **Biblioteca Real,** su sala más antigua, y la inauguración de una nueva exposición permanente: *La Ilustración: Descubriendo el mundo del siglo XVIII.*

El museo se divide en tres plantas: la planta baja, la principal y la superior. Cada una de ellas contiene salas donde se exhiben las distintas colecciones.

En la planta baja se puede ver una sala dedicada al arte africano junto a *The Clore Center for Education* y el *Ford Center for Young Visitors*; en la planta principal y en la primera aparecen las galerías dedicadas Egipto, Roma, Oriente Medio, América y Asia, además de los diferentes espacios temáticos y los dedicados a exposiciones temporales.

Entre sus impresdincibles están: la **piedra Rossetta**, las **esculturas del Partenón**, el **moái Hoa Hakananai'a** de la isla de Pascua, el **ajedrez medieval** de la isla de Lewis, la **momia de Katebet**, o el **busto de Ramses II.**

Al pertenecer al Estado, la admisión es gratuita. Ofrece visitas guiadas, un programa de actividades para niños, y los viernes permanece abierto hasta las 20.30 h.

Dispone de **distintos espacios para comer:** Court Cafés, Great Court Restaurant, Pizzeria, Coffee Lounge y si el tiempo acompaña también se puede comer al aire libre.

▲ Tres obras conservadas en el British Museum: detalle del friso del Parthenon de Atenas, Papiro del Libro de los Muertos y el ajedrez medieval de Lewis.

◄ Gran atrio de la reina Isabel II.

National Gallery

2

Acoge una de las colecciones de pintura de Europa Occidental más sobresalientes del mundo, compuesta por más de 2.300 pinturas que abarcan desde el siglo XIII hasta el XX.

El 2 de abril de 1824, la Cámara de los Comunes aprobaba la adquisición de la colección del banquero John Julius Angerstein por 57.000 libras. 38 pinturas formaban el eje central de la primitiva colección que se expuso en una primera etapa en la mansión de Angerstein. En 1831, William Wilkins proyectó la construcción de un nuevo edificio en Trafalgar Square. Las obras finalizaron en 1838.

Hoy la colección, de propiedad estatal, acoge una muestra de alrededor de 2.300 obras de pintura occidental desde 1250 hasta el siglo XXI. Se encuentran representadas la mayoría de escuelas europeas y algunas obras maestras como *Los Girasoles,* de Van Gogh; *Venus y Marte,* de Botticelli; *Autorretrato,* de Rembrandt; *El señor y la señora Andrews,* de Gainsborough; *La última singladura del Fighting Téméraire,* de Turner o *Los bañistas,* de Cezanne.

La galería se compone principalmente de donaciones privadas, que constituyen dos tercios de su colección permanente. En 1991 se amplió con la construcción del **ala Sainsbury,** que ha sido reformada con motivo del 200 aniversario de la institución e inaugurada en 2025. Esto ha ocasionado una reestructuración de la colección de la galería.

La National Gallery es un espacio de acceso gratuito, excepto para algunas exposiciones temporales. Ofrece a sus visitantes distintas propuestas, como visitas guiadas, conferencias y actividades dirigidas a los niños durante las vacaciones. Los viernes está abierto hasta las 21 h, y ofrece eventos especiales.

Info

- ⏱ 11 (A-B1)
- ✉ Trafalgar Square, Londres WC2N 5DN
- 🌐 www.nationalgallery.org.uk
- ⏱ 10-18 h; vier de 10-21 h
- Ⓜ Charing Cross y Leicester Square
- 🚌 3, 6, 9, 11, 13, 15, 23, 24, 87, 91, 139 y 176
- ✚ National Portrait Gallery y Trafalgar Square
- ♿ Excelentes
- ☕ Ochre, Chocolate afternoon tea, Muriel's Kitchen y Espresso Bar by Muriel's.
- 🎟 Gratuito

▼ *El matrimonio Arnolfini* de Van Eyck es una de las obras destacadas de la National Gallery (derecha).

Victoria & Albert Museum

Conocido como el mayor museo de artes decorativas del mundo, fue inaugurado en 1852 con el nombre de Museum of Manufacturers en la mansión Marlborough.

En 1857 se trasladó a su emplazamiento actual y en 1899 la reina Victoria asistió a la colocación de la primera piedra. Inaugurado en 1909, pasó a denominarse Victoria and Albert Museum. Formado por 145 galerías, su colección abarca 6,5 millones de objetos y exhibe colecciones de cerámica, cristalería, joyería, textil, esmaltes medievales, marfil, miniaturas, forja, grabados, mobiliario. En la primera planta destacan las **salas Morris, Gamble y Poynter,** donde se sitúa el café; estas cuentan con el primer restaurante del mundo ubicado en un museo y se concibieron como una muestra de diseño, artesanía y fabricación modernos; las salas 8, 9, 10 y 26 reúnen arte y objetos medievales; la sala 41, dedicada al arte del sur de Asia, acoge el famoso *Tigre de Tipoo;* la galería japonesa está en la sala 45; los **Cast Courts,** salas 46 A y B, contienen modelos en yeso de esculturas medievales; en la sala 48 se ubican los *Cartones de Rafael,* modelos para los tapices de la Capilla Sixtina. Resultan imprescindibles las **Galerías Británicas,** plantas segunda y cuarta, donde se narra la historia del arte y diseño desde el siglo XVI al XX. En la tercera planta se localiza la espectacular galería de la joyería: en la cuarta, la de cristalería, y en la sexta, la cerámica.

El jardín fue rediseñado por Kim Wilkie y reinaugurado como **John Madejski Garden** en 2005. Acoge exposiciones temporales de escultura y una cafetería. Sucursales del V&A son: el Young V&A. El museo también incluye la **Gilbert Collection** (▶44). En 2025 se inaugura **V&A East** en el Parque Olímpico.

Info

🕐 8 (D2)
✉ South Kensington, Cromwell Road, Londres SW7 2RL
📞 www.vam.ac.uk
🕐 10-17.45 h; viernes, 10-22 h
Ⓜ South Kensington
🚌 C1, 14, 74, 414 y 430
💶 Gratuito
➕ Museo de Ciencias y Museo de Historia Natural
♿ Excelentes
🍴 The V&A Café
The Garden Café (solo abre los fines de seman en invierno)

▼ Fachada e interior de Victoria and Albert Museum.

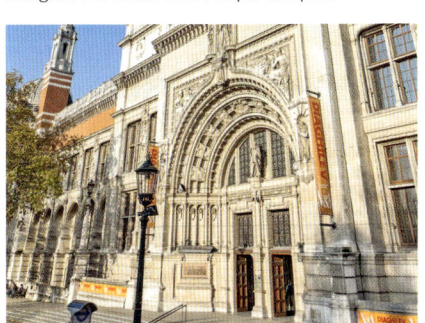

Museo de Historia Natural

4

Uno de los destinos favoritos de las familias en Londres donde los más pequeños pueden disfrutar de una completa exposición dedicada a los dinosaurios y con los espacios dedicados a meteoritos, volcanes, terremotos y fósiles.

Inaugurado en 1881, fue Sir Richard Owen, el responsable de las colecciones de Historia Natural del British Museum, el que persuadió al Gobierno de la necesidad de abrir un museo dedicado a esta materia. Su primera colección fue la donada por Henry Sloane al Estado en 1753 y, hasta esa fecha, formaba parte del British Museum. Así se fueron añadiendo otras importantes colecciones como la del botánico Joseph Banks.

Su fabuloso edificio fue diseñado por Waterhouse, que consiguió el proyecto tras la muerte del primer arquitecto. De estilo románico, lo decoró con esculturas de plantas y animales en interior y exterior, con el objetivo de representar la diversidad biológica. El techo del hall central muestra unos magníficos paneles decorados con plantas de todo el mundo.

La colección cuenta con más de 70 millones de especímenes: desde organismos microscópicos hasta esqueletos de mamut, además de fósiles, plantas, rocas, minerales y meteoritos. Posee una de las mejores bibliotecas dedicadas a la Historia Natural.

La visita recorre tres plantas de exposición que se organizan en cuatro zonas: azul, verde, roja y naranja.

Junto a la entrada por la calle Cromwell, se ubica el wildlife Garden, en la **zona naranja,** que acoge miles de especies de fauna y flora. Entrando al museo los visitantes encuentran la **zona azul,** dedicada a la época de los dinosaurios y de los grandes mamíferos como la ballena azul, y a la zona de aprendizaje sobre el cuerpo humano. En la **zona verde** se exponen meteoritos y se investiga sobre la ecología del planeta.

Finalmente puede visitarse lo que fue el museo de Geología, instalado en la **zona roja,** inaugurado en 1841 y fusionado en 1985 con el de Historia Natural.

Anexo a la sede principal, el edificio del **Darwin Centre,** a la vanguardia del diseño sostenible, sin perder los rasgos de la arquitectura clásica del edificio Waterhouse. Es uno de los museos favoritos de los niños por su diplodocus, ballena azul, T-rex, hormigas cortahojas, dragón de Komodo, secuoya gigante y perezoso gigante. De noviembre a enero se instala una pista de patinaje sobre hielo en el exterior. Cuenta con una sede en Tring, dedicada a las aves.

Info

- 🕐 8 (D1-2)
- ✉ Cromwell Road, Londres SW7 5BD
- 🌐 www.nhm.ac.uk
- 🕐 L-D, 10-17.50 h.
- 🚇 South Kensington
- 🚌 14, 49, 70, 74, 345, 360, 414, 430 y C1
- ➕ Museo de Ciencias y Victoria & Albert Museum
- ♿ Excelentes
- 🍴 The T.rex Restaurant Earth Hall Café Central Café Shake Bar
- 💾 Gratuito, excepto algunas exposiciones temporales. Es importante saber que aunque la entrada es gratuita hay que reservarla en su web.

▶ Esqueleto de ballena azul en el Museo de Historia Natural.

Museo de Ciencias

5

Un museo recomendado para los apasionados de la ciencia y de la tecnología y para los más jóvenes de la familia. Ofrece un interesante recorrido histórico por los principales inventos de la humanidad, abarcando pasado, presente y sumergiéndose en el futuro.

Info

- 8 (D1-2)
- Exhibition Road, Londres SW7 2DD
- L-D, 10-18 h.
- sciencemuseum.org.uk
- South Kensington
- 9, 10, 14, 49, 52, 70, 74, 345, 360, 414, 430. 452 y C1
- 10-18 h
- Basement Café, Energy Café, The Dinner, Gallery Café y Shake Bar. Con zonas de pícnic.
- Museo de Historia Natural y Victoria & Albert Museum
- Excelentes
- Gratuito, excepto para el IMAX 3D y algunas exposiciones temporales. Es importante saber que aunque la entrada es gratuita hay que reservarla en su web.

Su origen se remonta a la creación del Palacio de Cristal, un gran edificio construido en Hyde Park con motivo de la Exposición Universal de 1851. El éxito de la misma animó al príncipe Alberto a fundar el South Kensington Museum en 1857 para exhibir una colección de zoología, aparatos educativos y materiales de construcción. Las instalaciones se ampliaron en 1883 con colecciones del Patent Office Museum y la biblioteca de ciencias, pero en 1885 las colecciones científicas fueron separadas administrativamente de las obras de ingeniería, pasando a llamarse Science Museum. El museo requería una sede específica, y así, en el año 1913 comenzó la construcción de las instalaciones, que no terminó hasta 1928, debido a la suspensión de las obras durante la I Guerra Mundial.

El museo reúne más de 300.000 objetos, de los cuales más de 15.000 están expuestos, mientras que el resto permanecen almacenados. Aun así, resulta inmenso si se pretende realizar una visita completa. Las colecciones se agrupan en diversas temáticas: ciencias, medicina, telecomunicaciones e ingeniería. En la planta baja, la Galería **Making the Modern World** muestra la evolución de la tecnología desde 1750 a la actualidad. Entre los objetos expuestos destacan: el Apolo 10; el primer ordenador Apple, ;Puffing Billy, la locomotora de vapor más antigua que se conserva. Fue construida alrededor de 1814. Aquí en esta misma planta se sitúa el cine Imax.

En la tercera planta se encuentra el **Wonderlab** (Galería Equinor), la visita es previo pago. Repartidos en siete zonas, ofrece la oportunidad de interactuar con fenómenos científicos reales. Se ve caer un rayo, se experimenta con la fuerza y fricción en toboganes gigantes o se viaja por el espacio bajo las estrellas. Está recomendado para niños entre 7 y 14 años.

También en esta planta se sitúa la **Galería Flight**, que exhibe los avances en aviación desde las fabulaciones del Renacimiento hasta los modernos aviones actuales.

El museo ofrece distintos programas educativos y divertidos, correspondientes a varias edades.

▲ El museo de Ciencia es uno de los principales atractivos turísticos de la ciudad.

Torre de Londres

A lo largo de los siglos ha sido utilizada como fortaleza, palacio, depósito de las joyas de la Corona, observatorio, zoológico, refugio y prisión.

6

◀ Torre de Londres.

La Torre de Londres ha sido frecuentemente identificada con la **Torre Blanca (White Tower),** la plaza fortificada construida bajo el mandato de Guillermo *el Conquistador* en 1078. Sin embargo, la torre forma parte del conjunto de varios edificios rodeados por murallas y un foso construidos durante los siglos XIII y XIV. Para conocerla son muy recomendables las visitas guiadas que realizan los alabarderos *(Yeoman Warders),* incluidas en el precio de la entrada. Cuentan la historia de la torre: sus intrigas, prisioneros, ejecuciones y torturas, todo ello acompañado del característico humor británico. La figura del alabardero surgió en el siglo XV; son conocidos como *beefeaters* ya que, como guardaespaldas reales, se les permitía comer tanta ternera como desearan de la mesa del rey. Otro símbolo de la torre son los cuervos. Cuenta la leyenda que la monarquía desaparecerá cuando se vayan. Por si acaso, Carlos II fue el primero que los protegió. Hoy son siete y viven junto a la torre Wakefield, cuidados por el *ravenmaster.*

En el complejo, se puede admirar la grandiosa colección de joyas de la Corona, confinadas dentro de la **Casa de las Joyas (Jewel House)** desde 1303, después de ser recuperadas tras el robo de la abadía de Westminster. Solo han abandonado el recinto durante la II Guerra Mundial, cuando fueron llevadas en secreto a Montreal. Destacan los diamantes *Cullinan I* y el *Koh-i-Noor.* En el **Palacio Medieval (Medieval Palace)** se exhiben fabulosos muebles usados por reyes de esta época. Los prisioneros de alto rango y los que gozaban de la simpatía del pueblo eran ejecutados en la **Torre Verde (Green Tower).** Entre ellos, Ana Bolena y Catherine Howard, esposas de Enrique VIII, y Jane Grey, la *reina de los Nueve Días.*

Info

- 🕙 13 (A-B2)
- ✉️ Londres, EC3N 4AB
- 🌐 hrp.org.uk/tower-of-london
- ⏰ Verano: M-S, 9-17.30 h; D-L, entre 9-10 a 17.30 h. Invierno: M-S, 9-16.30 h; D-L, 10-16.30 h. Recomendable consultar los horarios en su web porque pueden variar.
- 🚇 Tower Hill y Tower Gateway (DLR)
- 🚌 15, 42, 78, 100 y RV1
- 🚆 Fenchurch Street y London Bridge
- ➕ St Katherine's Dock y Tower Bridge Exhibition
- ♿ Buenos
- 🍴 New Armouries Café, Ravens café, Jewels Kiosk o Tower of London Café.
- 💷 Adultos 34,80 £, niños 17,40 £, estudiantes y jubilados 27,70 £. Imprescindible la compra online para asegurar la entrada.

Catedral de St. Paul

7

Construida en el año 604 por mandato del obispo Mellitus. Sufrió varios incendios y en siglo X fue arrasada por los vikingos. En 1666, en el gran incendio de Londres, volvió a arder y fue el magnífico arquitecto Sir Christopher Wren –entre 1675 y 1710– quien construyó la bella Catedral que se erige en la actualidad.

Presenta tres espacios: la planta, la cripta y las galerías de la cúpula. La nave se extiende desde la **Gran Puerta Oeste (Great West Door)** hasta dicha cúpula. En el pasillo norte destacan las capillas dedicadas a Todos los Santos y St. Dunstan, el monumento a Wellington, el lienzo *The Light of the World,* de Holman Hunt, el órgano del siglo XVII, obra de Grinling Gibbons, al igual que la sillería del coro y las verjas de acero realizadas por Jean Tijou. En el pasillo sur se ubican la capilla de St. Michael y St. George, y la estatua a Nelson. En el ábside se localiza la capilla de la Conmemoración America-

Info

- 6 (D2)
- St Paul's Churchyard EC4M 8AD
- www.stpauls.co.uk
- L-S, 8.30-16 h. X: desde las 10 h. Galerías: L-S, 9.30-16.15 h. X desde las 10 h.
- St. Paul
- Cannon Street, City Thameslink y Blackfriars
- 4, 8, 11, 15, 17, 23, 25, 26, 56, 76, 100, 172, 242, 521
- Museum of London y Fleet Street
- Buenos
- Wren's Pantry Café
- Adultos 25 £, niños 10 £, estudiantes y jubilados 22,50 £. Imprescindible la compra online para asegurarse la entrada.

▶ Catedral de St. Paul.

na (American Memorial Chapel), y en la cripta las tumbas de Wellington, Nelson, Churchill o Fleming.

No obstante, el mayor atractivo es la **cúpula,** decorada por James Thorhill con escenas de la vida de St. Paul, los profetas del Antiguo Testamento y los cuatro evangelistas. En la **Galería de los Susurros (Whispering Gallery),** a 30 m de altura y subiendo 163 escalones, se divisa la planta de la catedral; tras un segundo ascenso de 282 escalones, a 53 mm, se alcanza la **Galería de Piedra (Stone Gallery)** y, tras un tercer tramo de 434 escalones, está la **Galería Dorada (Golden Gallery),** a 85 m de alto. Esta escalada culmina en el **Ball & Lantern,** a 111 m, desde donde se disfruta de unas maravillosas vistas sobre Londres.

La catedral pertenece a la diócesis de Londres, y es de culto anglicano. Durante su historia ha acogido actos como los funerales de Nelson, el duque de Wellington y Churchill; la boda de Carlos de Gales y Diana Spencer; el 80º cumpleaños de la reina Isabel o el centenario de la reina madre.

▼ Diferentes visuales del interior de la Catedral de Sant Paul (San Pablo).

Abadía de Westminster

8

Símbolo londinense por excelencia, en 1952, la Reina Isabel II fue coronada en la Abadía en la primera ceremonia de esta índole retransmitida por televisión. También acoge las tumbas de personajes tan célebres como Charles Darwin, Isaac Newton o David Livingstone.

La abadía fue construida entre 1045 y 1050, en honor a St. Peter, por mandato del rey Eduardo *el Confesor.* En 1065 fue consagrada, y no fue hasta 1245 cuando Enrique III ordenó edificar una iglesia de estilo gótico francés. Las obras se extendieron hasta 1517, durante el reinado de Ricardo II. Christopher Wren y Nicholas Hawksmoor diseñaron las dos torres situadas al oeste de la catedral, cuya construcción finalizó en 1745. La **capilla de San Eduardo (St. Edward's Chapel)** alberga este trono, junto a su sepulcro y el de otros monarcas medievales. Con

▶ Abadía de Westminster, vista frontal y lateral.

31 m, destaca su nave central, la más alta de Gran Bretaña. Las seis grandes vidrieras de la Chapter House iluminan el recinto, a la vez que cuentan la historia de la abadía. Sus suelos datan del siglo XIII. En el **Rincón del Poeta (Corner's Poet)** se honra a autores como Shakespeare, Chaucer, Jane Austen, Handel o T. S. Elliot. Desde principios del siglo XX alberga la **Tumba del Soldado Desconocido**. En el museo de la cripta, antiguos aposentos de los monjes, se hallan las efigies de cera de estos, realizadas para las procesiones funerarias. Desde el siglo XII, la abadía cumple dos misiones a través del Westminster School (educación a escolares) y del Westminster Abbey Choir School (coro). Se celebran conciertos de órgano. En 2011 acogió la boda de los Príncipes de Gales, William y Kate; en 2022 el funeral de la reina Isabel II y en 2023, la coronación del rey Carlos III.

Info

🕐 11 (C1)

✉ 20 Dean's Yard, Londres SW1P 3PA

🌐 westminster-abbey.org

🕐 L, M, J y V, 9.30-15.30 h; X, 9.30-18 h. S, 9.30-13.30 h (sep-abr) hasta las 15.30 (may-ago). Este horario es orientativo. Es recomendable consultar su web. Las horas pueden variar o estar cerrada por ceremonias oficiales.

🚇 Westminster y St. James's Park

🚌 11, 24, 88, 148 y 211

➕ Casas del Parlamento, Jewel Tower, St. Margaret Church y Churchill Museum & Cabinet War Rooms

♿ Buenos

☕ Cellarium Cafe & Terrace (M)

💷 Adultos 29 £, niños 13 £, estudiantes y jubilados 26 £. Imprescindible la compra online para asegurar la entrada.

Palacio de Buckingham

9

Residencia de los monarcas británicos desde 1837, en sus inicios fue una casa de campo construida en 1702 para el duque de Buckingham, hasta que, en 1761, fue adquirida por el rey Jorge III, que la transformó en una residencia privada. Con la llegada al trono de la reina Victoria pasó a ser la residencia oficial de la monarquía británica.

▲ Buckingham Palace.

Info

- 🔟 10 (C1-2)
- ✉ Buckingham Palace Road, London SW1A 1AA
- 🌐 www.rct.uk/visit/buckingham-palace
- 🕐 Jul y ago: de 9.30 h a 17.15 h (última admisión). Cierre: 19.30 h. Sept: de 9.30 h a 16.15 h (última admisión). Cierre: 18.30 h.

Cambio de Guardia: Suelen ser días alternos sobre las 11 h. Consultas: changing-guard.com
- 🚇 Victoria, Green Park, Hyde Park Corner y St. James' Park 🚌 11, 211, C1 y C10
- ➕ Green Park, St. James' Park y Spencer House
- ♿ Buenos 🚇 Victoria
- 💶 Adultos 32 £, niños 16 £, jóvenes (18-24 h) 20,50 £. Imprescindible la compra online para asegurar la entrada.

Cuando el monarca se traslada a Balmoral, Escocia, durante el verano, el palacio abre sus puertas. Se muestran los 19 salones de Estado en los que la familia real recibe a sus invitados durante las ceremonias oficiales. Están decorados con algunos de los tesoros más destacados de la Royal Collection: pinturas de Rembrandt, Rubens, Poussin y Canaletto; esculturas; porcelana de Sèvres y muebles ingleses y franceses. Cada año se prepara una exhibición de carácter especial que enseña otras estancias del palacio, entre las que cabe destacar el Salón del Trono, la Sala de Baile, el Comedor, la Sala de Música y la White Drawing Room. También se visita la parte sur del jardín, con 30 especies diferentes de aves y más de 350 tipos de plantas. Hay unas espléndidas vistas de la parte oeste del palacio y de su famoso lago. En el jardín se celebran las *gardens parties,* fiestas donde se congrega a más de 20.000 invitados. También se visita la **Galería de la Reina**, usada como invernadero hasta 1962 y donde hoy se exponen piezas de arte y tesoros de la Royal Collection; y las **Cocheras Reales,** con vehículos históricos. Entre ellos, la Carroza Dorada, construida para Jorge V en 1762, y la Carroza de Cristal, que sirvió en las bodas de Isabel II y Carlos y Diana. Como curiosidad, cuando el rey está en el palacio la bandera ondea en la fachada principal y la guardia cambia a diario.

Casas del Parlamento

Conocido también como Palace of Westminster por su pasado como palacio real, y como Big Ben debido a su famoso reloj, tiene sus orígenes en 1065, bajo el reinado de Eduardo el Confesor.

10

Enrique VIII la trasladó tras el incendio que la asoló. El **Westminster Hall**, la parte más antigua, data de 1097, aunque en el siglo XIV fue reformado. Como juzgado, acogió importantes procesos, como el de Sir William Wallace (1305) o el de Carlos I (1649), y en la actualidad se siguen celebrando importantes actos de Estado. En 1834 el palacio sufrió un segundo incendio, pero se salvaron el Westminster Hall, la cripta de St. Stephen y la Jewel Tower. Charles Barry diseñó el nuevo edificio, y a él se debe la construcción de la **Clock Tower,** de estilo gótico victoriano y de 96,3 m de altura. El reloj comenzó a funcionar el 7 de septiembre de 1859. Sus cuatro laterales y sus esferas fueron diseñados por Augustus Pugin. En la base de una de las caras aparece la inscripción en latín: *Dios guarde a nuestra reina Victoria I.*

El nombre **Big Ben** designaba la campana de la torre, aunque se haya generalizado en referencia al reloj. Nadie sabe bien por qué se llamó así, aunque se manejan dos teorías. La primera explica que era el apodo por el que se conocía a Sir Benjamín Halle, el primer comisionado de las obras, mientras que la segunda sostiene que se debió al sobrenombre del campeón de los pesos pesados, el boxeador Ben Caunt, que se retiró en 1857 cuando se debatía sobre la denominación de la campana.

Al sur se eleva la **Victoria Tower,** de 98 m, donde se guardan los archivos. El Parlamento se divide en dos espacios: la **Cámara de los Comunes,** elegidos por el pueblo y la **Cámara de los Lores,** cuyo cargo heredan. En 1941 una bomba destrozó la primitiva Cámara de los Comunes, que terminó su reconstrucción en 1950, mientras que la de los Lores se sitúa en una bella sala gótica del siglo XIX.

Info

- 11 (C1)
- Parliament Square SW1
- Habitualmente de 9-16.15 h. Visitas sáb. y en verano y otros periodos de vacaciones parlamentarias también algunos días de la semana. Consultad web.
- www.parliament.uk
- Westminster
- 11, 24, 88, 148 y 211
- Abadía de Westminster, St. Margaret church, Jewel Tower y Churchill Museum & Cabinet War Rooms
- Buenos
- Tours en inglés o con audioguía.
- The Jubilee Café
- Adultos 33 £, niños 17 £, jovenes (de 18 a 24 años) 27 £. Imprescindible la compra online para asegurar la entrada.

▼ Vista del Palacio de Westminster desde la orilla del Támesis.

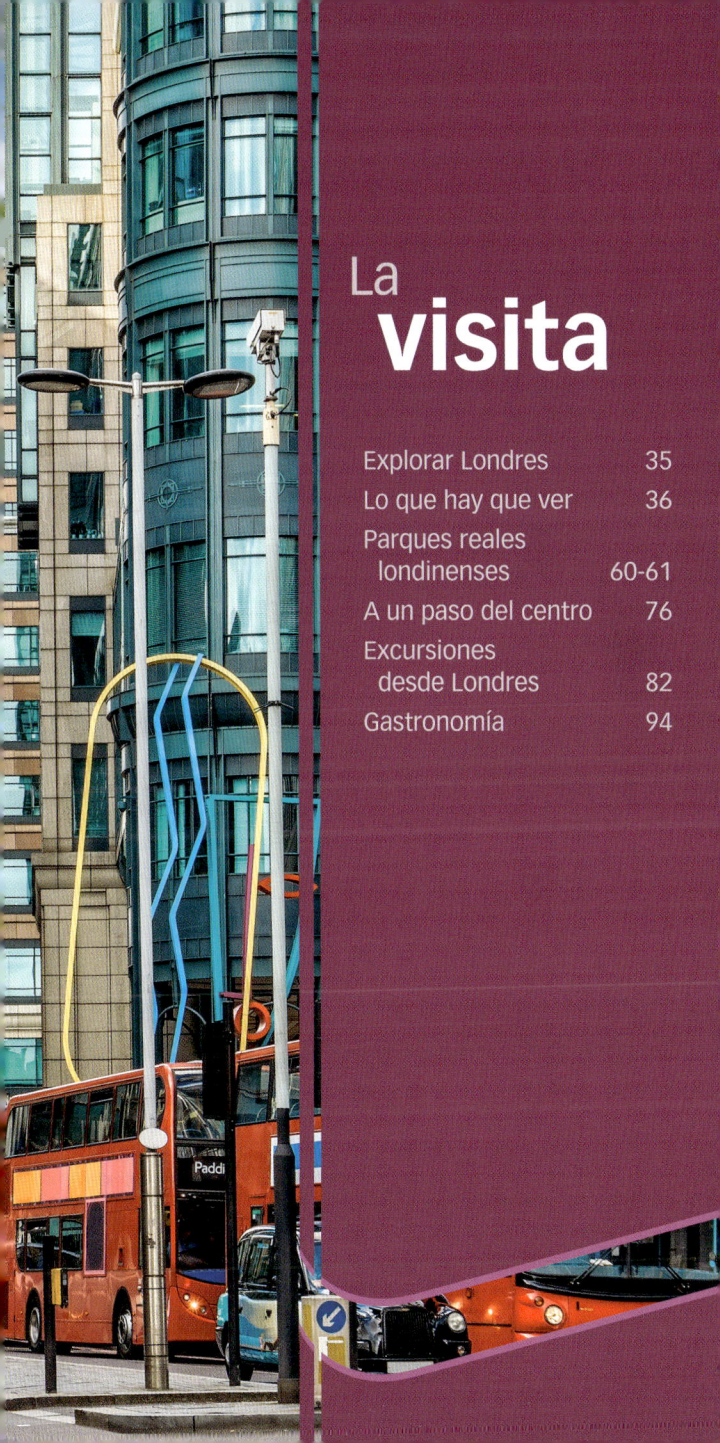

La **visita**

Londres
cosmopolita

La ciudad ofrece muchas alternativas; algunas de ellas modernas y vanguardistas. Sin embargo, antes de adentrarnos en lo más actual, conviene conocer una serie de monumentos y museos que conforman un Londres clásico: el conjunto formado por el palacio y la abadía de Westminster, y la iglesia de St. Margaret's; la Torre de Londres; el histórico asentamiento de Greenwich y The Royal Botanic Gardens, además de los barrios más emblemáticos de la ciudad y sus parques, donde se puede dar un tranquilo paseo, hacer un picnic familiar o disfrutar de la naturaleza en pleno centro urbano.

▌Explorar Londres

En Londres existen tres zonas principales: la City, centro de negocios de la ciudad; Westminster, sede del Gobierno de Reino Unido, y los Dock-lands, dominados por el complejo Canary Wharf. Las tiendas y el área de entretenimiento se encuentran en el West End (Centro de Londres), en puntos como Oxford Street, Leicester Square, Covent Garden y Piccadilly Circus. En West London (Oeste de Londres) se ubican exclusivas zonas residenciales como Notting Hill, Knightsbridge y Chelsea. En la zona este se localizan el East London y East End. La primera, conocida por sus altas tasas de inmigración, es una de las más pobres de Londres. En cuanto al East End, vivió el desarrollo industrial de la ciudad y se revitalizó con motivo de los Juegos Olímpicos de 2012 y la construcción de muchas de sus instalaciones. Wimbledon, Richmond, Twickenham y Greenwich se encuentran en el sur de Londres y en el norte, entre colinas y grandes parques, se localizan Hampstead, Highgate e Islington.

▲ El dragón es el símbolo de la ciudad de Londres.

◄ Pub clásico en el Soho.

▼ Piccadilly Circus es la plaza más famosa de Londres.

LO QUE HAY QUE VER EN LONDRES

🕐 8 (C1)

Ⓜ Notting Hill Gate, High Street Kensington y Queensway

▼ Albert Memorial en los jardines de Kensington.

▶ Bank of England.

🕐 9 (B-C2)

✉ 149 Piccadilly, Hyde Park Corner

💻 wellingtoncollection.co.uk

🕐 M-D: 11-17 h de abril a octubre; S-D: 10-16 h de noviembre a marzo

Ⓜ Hyde Park Corner

🚌 2, 8, 16, 36, 38, 52, 73, 82, 148 y 436

✚ Hyde Park, Serpentine Gallery y Wellington Arch

♿ Regulares

❙ ALBERT MEMORIAL ★★

Situado en los jardines de Kensington, fue un encargo de la reina Victoria en memoria de su marido el príncipe Alberto. Diseñado por Sir George Gilbert Scott en estilo neogótico, se inauguró en 1872. Destaca la estatua del príncipe hojeando su catálogo para la Exposición Universal, realizada por John Foley y rodeada de 178 esculturas que representan los continentes, las artes, la industria y la ciencia. Resulta especialmente llamativo de noche.

❙ APSLEY HOUSE ★★

Residencia del duque de Wellington, es una de las mansiones más bellas de Londres, recientemente rehabilitada. Exhibe pinturas de Velázquez, Rubens, Van Dyck y Goya, algunas de las cuales pertenecieron a la Corona española y cayeron a manos inglesas tras la batalla de Vitoria, en 1813, al derrotar estos a los franceses. También alberga colecciones de porcelana, plata, esculturas, mobiliario y objetos personales del duque. Una colosal estatua desnuda de Napoleón, obra de Canova, se sitúa junto a las escaleras. Sigue siendo residencia de los descendientes de Wellington.

🕐 7 (D1)

✉ Bartholomew Lane, Londres, EC2R 8AH

💻 www.bankofengland.co.uk/museum

🕐 L-V, 10-17 h. Hasta las 20 h cada tercer J de mes.

Ⓜ Liverpool Street

🚌 8, 11, 21, 23, 25, 26, 43, 47, 48, 76, 133, 141, 149 y 242

✚ London Stone, Monument

♿ Buenos

🎫 Gratuito

❙ BANK OF ENGLAND MUSEUM ★

Fundado en 1694, este museo se centra en el sistema monetario y bancario inglés desde su inauguración. Entre sus interesantes colecciones destacan las de lingotes de oro, monedas, billetes, documentos de importantes clientes como Nelson y G. Washington, cerámica romana y mosaicos que fueron descubiertos cuando se reformó en 1930. Además sus visitantes pueden contemplar la reproducción de una sala de un banco e informarse a través de paneles interactivos sobre los movimientos de las divisas y el sistema financiero.

I BANQUETING HOUSE ✶✶

Terminada en 1622 para Jacobo I, fue diseñada por Iñigo Jones en estilo paladiano. Es la única parte del palacio de Whitehall que se conserva tras el incendio de 1698. Destacan los impresionantes frescos de Rubens en el gran salón del piso superior. Se visita la bodega que Jacobo I mandó construir para alejarse de la vida de la Corte. En 1649 Carlos I fue ejecutado en un cadalso situado en el exterior, y en 1660 el rey Carlos II celebró su subida al trono.

🕐 11 (B1)
✉ Whitehall
🕐 Cerrada por trabajos de mantenimiento.
🏠 www.hrp.org.uk/banqueting-house
🚇 Westminster, Embankment y Charing Cross
🚌 3, 11, 12, 24, 53, 87, 88 y 159
♿ Regulares

I MUSEUM OF BRANDS ✶

Más de 12.000 objetos de la colección de Robert Opie despiertan la nostalgia en los visitantes. Expone juguetes, juegos, pósters, revistas, etc. desde el siglo XIX.

🕐 f.p.
✉ 111-117 Lancaster Rd, Notting Hilll
🕐 L-S: 10 h-18 h y D y festivos: 11 h-17 h.
🏠 museumofbrands.com
♿ Excelentes

I BRITISH LIBRARY ✶✶

Sede de la Biblioteca Nacional desde 1973, fue diseñada por Sir Colin St. John Wilson. Exhibe obras de gran valor como la *Carta Magna,* manuscritos de Shakespeare, el *Codex Sinaiticus,* un cuaderno de notas de Leonardo da Vinci, la primera edición del periódico de *The Times,* etc. En el patio hay una escultura de Newton realizada por E. Paolozzi en 1995.

🕐 5 (A1)
✉ 96 Euston Road
🏠 www.bl.uk
🕐 L-J: 9.30-20 h; V: 9.30-18 h; S: 9.30-17 h; D: 11-17 h
🚇 King's Cross y Euston
🚌 10, 30, 59, 63, 73 y 91
♿ Excelentes

I BRITISH MUSEUM (▶18) ✶✶✶

I BUCKINGHAM PALACE (▶30) ✶✶✶

▲ Charles Dickens Museum.

◀ Vista de la British Library.

I CHARLES DICKENS MUSEUM ✶✶

Inaugurado en 1925, en la que fuera la residencia del autor desde 1837 a 1839, es la única de las casas londinenses del escritor que se conserva. En sus cuatro plantas se exponen cartas, dibujos, primeras ediciones, manuscritos, mobiliario original y otros objetos personales. Es la mejor colección dedicada al escritor inglés en el mundo.

🕐 5 (B2)
✉ 48 Doughty Street
🕐 X-D: 10-17 h
🏠 dickensmuseum.com
🚇 Russell Sq, Chancery Lane, Holborn
🚌 7, 17, 19, 38, 45, 46, 55 y 243
♿ Regulares

Por la City

▌ La City es el centro histórico. A fines del siglo II fue delimitada por los romanos con la construcción de unas murallas, de las que se conservan algunos fragmentos. Sus límites se mantienen invariables desde el medievo, y ocupan casi una milla cuadrada (2,6 km^2); por ello se conoce como la Square Mile.

Fue en el siglo XVII cuando sucedieron dos hechos que marcarán la demografía y arquitectura de la City. En 1665 se produjo la gran peste. Muchos londinenses huyeron, entre ellos Carlos II, y más de 100.000 murieron. El 2 de septiembre de 1666 comenzó el gran incendio, que arrasó la ciudad. Wren se encargó de su reconstrucción, conservando el trazado medieval.

▌ Para observar el contraste se puede comenzar un recorrido en el metro Blackfriars. Subiendo Farringdon Street, a la izquierda está **Fleet Street,** donde se sitúa **St. Bride,** iglesia diseñadas por Wren.

Desde Fleet Street, cruzando Farrington Street, llegamos a Ludgate Street, a la izquierda se ubica el **Old Bailey,** un ejemplo de la arquitectura del siglo XX. Unos juzgados ocupan el emplazamiento de la antigua prisión de Old Newgate.

▌ Siguiendo Ludgate Street se alza la **Catedral de St. Paul** (▶26), obra maestra de Wren. Muy cerca, en Guildhall Yard, se ubica la **Guildhall Art Gallery & Roman London's Amphitheatre.**

Desde el metro St. Paul's por Cheapside Poultry, se llega a **St. Stephen Walbrook,** otra de las iglesias de Wren. Bajando King William Street está **The Monument** (▶53), también obra suya.

▌ Continuando por Gracechurch Street a la derecha se puede ver el **edificio Lloyd's.** Caminando por Lime Street y St. Mary Street aparece el primer rascacielos "ecológico" **30 St. Mary Axe,** conocido como "el pepinillo".

A la derecha, caminando por Wormwood Street y girando a la derecha en Old Broad Street se eleva la **Tower 42** de 183 m de alto. Bajando esta calle aparece el **Bank of England** (▶36).

▲ En la City destaca el edificio llamado "El Pepinillo".

Distancia
5 km

Tiempo
3-4 horas

Punto de partida
Blackfriars
🚇 Blackfriars
🚌 12 (A1-2)

Punto de llegada
Bank of England Museum
🚇 Liverpool Street
🚌 Bartholomew Lane
🚌 7 (D1)

Comida
The Salad Kitchen (M)
🚌 23 Threadneedle St
🚇 Liverpool Street
🌐 www.thesaladkitchen.com

CHELSEA ★★★
Lugar de retiro para la aristocracia durante la época Tudor, su principal vía King's Road era una ruta real privada. En los sesenta, la bohemia y la vida artística se instalaron aquí, convirtiéndose en la cuna del movimiento *Swing*. En 1965 se fusionó con el concejo de Kensington, una de las zonas exclusivas.

CHURCHILL WAR ROOMS ★★★
Primer museo dedicado a Sir Winston Churchill, está instalado en las que fueron las salas del gabinete de Guerra, oficina secreta subterránea y centro neurálgico del Ejército durante la II Guerra Mundial. Inaugurado el 10 de febrero de 2005 por la reina Isabel II, muestra rarezas, objetos con gran significado histórico, imágenes y grabaciones de gran valor personal e histórico sobre este premio Nobel.

CITY HALL ★
Diseñado por Norman Foster, desde 2002 es la sede del Ayuntamiento y de la Asamblea de Londres. Forma parte del plan de desarrollo de la orilla sur del Támesis. Los visitantes pueden acceder a exposiciones, descansar y disfrutar de una preciosa vista.

CLINK PRISON MUSEUM ★★★
Fundada en 1151 en los dominios del obispado de Winchester. En sus orígenes sirvió para apresar a clérigos díscolos y fue la primera prisión donde se encarcelaron mujeres. En 1780 se incendió durante los motines de Gordon y nunca fue reconstruida. El museo se encuentra en la calle Clink en el sótano de un antiguo almacén. Exhibe distintos artefactos de tortura y narra la historia de la prisión.

▼ Visitantes y londinenses descansan junto al City Hall con el Tower Bridge al fondo.

- 11 (C1)
- Clive Steps. King Charles St.
- Westminster y St. James' Park
- 3, 11, 12, 24, 53, 87, 88, 109, 148, 159, 184, 211 y 453
- Charing Cross
- www.iwm.org.uk/visits/churchill-war-rooms
- L-D: 9.30-18 h. Último acceso a las 17 h.
- Buenos

- 13 (B2)
- London Bridge
- 42, 78, 381, RV1
- london.gov.uk/city-hall
- L-J: 8.30-18 h; V: 8.30-17.30 h
- Gratuito.

- 13 (B1)
- 1 Clink Street. Bankside
- London Bridge
- www.clink.co.uk
- L-D: de 10 h a 18 h.
- Malos

▲ Interior de Covent Garden Piazza.

⏱ 11 (A1)
🌐 www.coventgarden.london
Ⓜ Covent Garden
✚ London Transport Museum, Theatre Museum, London Film Museum
Theatre Royal Drury Lane
♿ Regulares
🚌 9, 13, 15, 23, 24, 139 y 153

❚ COVENT GARDEN PIAZZA　★★★

En 1630, el cuarto conde de Bedford encargó a Íñigo Jones la construcción de una serie de casas. Este se inspiró en las grandes plazas y edificios italianos. Así surgió la primera plaza abierta de Inglaterra, donde, en la década de 1650, se estableció un mercado de frutas y verduras. El Gran Incendio destruyó otros mercados y, por eso, el de Covent Garden prosperó con rapidez. Cobró tanta importancia en el siglo XVIII que los caballeros que vivían en las casas diseñadas por Jones se trasladaron al Soho y Mayfair. En 1733 se inauguró el teatro de Covent Garden y, en 1813, se aprobó una ley del Parlamento que regulaba el mercado. El sexto duque de Bedford mandó remodelarlo y Charles Fowler diseñó un edificio neoclásico. En 1860 se construyó, en el sureste de la plaza, un nuevo mercado de flores, que hoy alberga el **London Transport Museum** (▶50). En 1904 se construyó en el exterior de la parte sur un mercado de flores llamado **Jubilee Hall**. Se utilizó como localización para las películas *My fair Lady* y *Frenesí*, de Alfred Hitchcock. En 1974 se cerro y comenzó su remodelación. En 1980 fue reinaugurado como un gran centro comercial.

⏱ 7 (C2)
✉ 18 Folgate Street
🌐 dennissevershouse.co.uk
⏰ J-D. Visita a través de tours que se compran en su web.
♿ Malos
Ⓜ Liverpool Street
🚌 8, 26, 35, 42, 47, 48, 67, 78, 135, 149, 205, 242, 344 y 388
🚉 Shoreditch High Street
✚ Spitalfields Market

❚ DENNIS SEVERS' HOUSE　★

Fue hasta su fallecimiento en 1999 la casa del artista estadounidense Dennis Severs. Él creó en su interior una atmósfera que pretendía recrear la vida de una familia desde siglo XVIII hasta los albores del XX. Lo hizo a través de sonidos, olores..., ya que su

▲ Edificios de Canary Wharf.

intención fue dotar a sus diez habitaciones de alma. Se puede visitar a través de tours que la recorren tanto de día como de noche.

I DESIGN MUSEUM ✱

Desde 2016, este moderno centro dedicado a la historia del diseño está ubicado en Kensington High Street, en el antiguo Commonwealth Institute, completamente reformado. Fundado en 1983 por Sir Terence Conran, acoge una retrospectiva de la historia del diseño británico, con una excelente colección permanente con más de 3.000 artículos y variadas muestras temporales.

I DOCKLANDS ✱✱✱

Situados en el este y sureste de Londres, ocupan parte de los concejos de Southwark, Tower Hamlets, Newhan y Greenwich. Su historia como puerto se remonta a la época romana y durante la II Guerra Mundial se vieron seriamente afectados por los bombardeos alemanes, dejando de funcionar en los años 60 y 70 al no poder albergar los cargueros modernos. Destacan el **Museo of London Docklands** (▶53), donde se puede conocer su evolución a lo largo de los siglos; **Canary Wharf,** un moderno complejo de negocios con algunos de los edificios más elevados de la ciudad –Canary Wharf Tower, 8 Canada Square y el Citigroup Centre– y **St. Katherine's Docks** (▶62), los antiguos muelles, transformados en una zona residencial y comercial.

🕐 f.p.
✉ 224-238 Kensington High St.
🌐 designmuseum.org
🕐 L-J: 10-17 h y V-D: 10-18 h.
🚇 Kensington High Street, Earl's Court y Holland Park
🚌 Hyde Park y Kensington Palace
🚏 9, 10, 27, 28, 49 y C1
🚉 Kensington Olympia
♿ Excelentes

🕐 f.p.
✉ 39a Canonbury Square
🕐 X-S, 11-18 h; J hasta las 20 h; D, 12-17 h. Cerrado L y M
♿ Buenos
🚇 Highbury & Islington
🚌 271, 4, 19, 30, 43, 38, 56, 73 y 341
🌐 www.estorickcollection.com

▼ Fenton House.

ESTORICK COL. OF MODERN ITALIAN ART ✱

Fundada por el sociólogo Eric Estorick y su esposa tras la Segunda Guerra Mundial, la colección fue donada al Estado unos meses antes de su muerte. Desde 1998 se expone en una villa de estilo georgiano. Se centra en el arte moderno italiano y es conocida internacionalmente por su arte figurativo y esculturas de finales del siglo XIX y siglo XX. Destacan los trabajos futuristas de Balla, Boccioni, Carra, Russolo y Severini.

🕐 f.p.
✉ Hampstead Grove, Hampstead
🕐 11-17 h. Los días de apertura varían. Recomendamos consultar su web.
♿ Regulares 🚇 Hampstead
🌐 www.nationaltrust.org.uk/visit/london/fenton-house-and-garden

FENTON HOUSE ✱

Edificada alrededor de 1686, tomó su nombre del comerciante Philip Fenton que la adquirió en 1793. Es una de las casas más antiguas de Hampstead donde destaca su bello jardín de rosas y su huerto. Exhibe una excelente colección de porcelana inglesa, europea y oriental; instrumentos de teclado, entre ellos un clavicordio de 1612 tocado por Handel; mobiliario georgiano y tapices.

✉ Chiswick Lane South W4
🌐 www.fullersbrewery.co.uk/pages/brewery-tours
🕐 M-J y S: 11, 12, 13, 14 y 15 h. V: 11, 12, 13, 14, 15 h y 16 h. D: 13, 14 y 15 h (con reserva).
♿ Tour: accesibilidad: mala.

FULLER'S GRIFFIN BREWERY ✱

Fundada en 1845, a través de un recorrido se muestra la producción de cerveza tanto de manera tradicional como mediante la maquinaria más moderna. A los mayores de 18 años se les ofrece la posibilidad de degustar cerveza (los tours no admiten a menores de 16 años).

UN PASEO A PIE

Por los Docklands

Distancia
8 km

Tiempo
4-5 horas

Punto de partida
St. Katharine Docks
🚇 Tower Hill

Punto de llegada
Millbank Park
🚇 Island Gardens

Comida
Memsaheb On Thames (M)
✉ 65-67 Amsterdam Road
🌐 memsaheb.net
🕐 L-V: 12-15 y 18-23 h;
S: 18-23 h y D: 12-16 y
18-22 h.

▌ Se sale de **St. Katharine Docks** (▶62). Conviene realizar la visita en días laborables, ya que al ser una zona comercial y de negocios los fines de semana se queda vacía. A diferencia de otras áreas, presenta una menor oferta de museos y monumentos, por eso, una buena alternativa para enlazar algunos puntos consiste en tomar el Docklands Light Rail (DLR), un tren ligero que recorre la zona.

Caminando por St. Katharine's Way hacia Wapping High Street se llega a **Wapping Pier Head,** con espléndidas mansiones de estilo georgiano.

▌ Subiendo Wapping Lane aparece la bella **iglesia** barroca de **St. George-in-the-East,** del siglo XVIII. Durante la II Guerra Mundial, sufrió numerosos daños, sobre todo en el interior que fue reconstruido.

Siguiendo por The Highway se llega a **King Edward Memorial Park,** un oasis de paz. Continuando por Limehouse Link y Ontario Way se alcanza **West India Quay,** donde se ubica el **Museum of London Docklands** (▶53). Una alternativa consiste en tomar el tren ligero en Shadwell (cerca de St. George-in-the-East).

▌ Junto al museo se localiza **Canary Wharf,** el principal centro de negocios de la zona, rodeado de modernos rascacielos con oficinas, centros comerciales y una gran oferta de restauración y ocio.

Cerca se puede visitar la **Isle of Dogs.** Es aconsejable tomar el DLR desde la parada de Canary Wharf hasta Isle of Gardens, ya que la distancia es considerable. La isla está bordeada por el Támesis y tiene estupendas vistas de Greenwich –justo enfrente–, adonde se puede cruzar a pie.

▼ Canary Wharf.

- 🕐 8 (D2)
- 🔗 www.vam.ac.uk/collections/gilbert-collection
- ♿ Excelentes
- 🕐 10-17.45 h;
  viernes, 10-22 h.
  Las salas están cerradas por obras de reforma hasta finales de 2025.
- Ⓜ South Kensington
- 🚌 C1, 14, 74, 414 y 430
- 💶 Gratuito

- 🕐 7 (D1)
- ✉ Guildhall Yard
- 🔗 www.cityoflondon.gov.uk/
- 🕐 L-D: 10-17 h
  aTours gratuitos: de M a D, a las 12.15 y 13.15 h.
- Ⓜ Bank, St Paul's, Mansion House y Moorgate
- 🚌 8, 11, 15, 23, 25, 26, 43, 76, 133, 141, 172, 214, 242, 271 y 501
- 💶 Gratuito. Recomendable reservar en la web.

▲ Fachada de Handel & Hendrix in London.

- 🕐 10 (A1)
- ✉ 25 Brook Street, Mayfair
- 🔗 www.handelhendrix.org
- Ⓜ Bond Street
- 🕐 X-D: 10-17 h
- ➕ Oxford Street, Hyde Park y Royal Academy
- ♿ Buenos
- 🚌 8, 25, 55, 113, 137 y 189

▌ GILBERT COLLECTION   ★★★

Cerrada al público en la Somerset House en enero de 2008, la colección se trasladó al Victoria and Albert Museum donde desde finales de junio de 2009 se exhibe en las salas 70-73. "The Rosalinde and Arthur Gilbert Collection" muestra la pasión de Arthur y su esposa Rosalinde por las miniaturas y la orfebrería. Ambos habían plasmado su gusto por lo sofisticado en el diseño de vestidos de alta costura. En 1996, Sir Arthur Gilbert donó su legado a la nación: su colección, compuesta de piezas de oro, plata, mosaicos italianos, arte en esmalte y una notable colección de cajas de oro.

▌ GUILDHALL ART GALLERY
& ROMAN LONDON'S AMPHITHEATRE   ★★

La galería original, fundada en 1855 cerca del Ayuntamiento medieval, fue incendiada durante un ataque aéreo en 1941. En 1999 se inauguró la actual, que incluye retratos desde el siglo XVI a la actualidad, panorámicas de Londres desde el siglo XVII, pinturas victorianas y esculturas. En 1988 se hallaron restos de un anfiteatro romano que se pueden visitar.

▌ HAMPSTEAD   ★★★

Desde 1965, la zona de Hampstead forma parte del concejo municipal de Camden. Se hizo popular por el descubrimiento de aguas medicinales y el desarrollo de un spa en 1706. En los siglos XVIII y XIX los londinenses acudían huyendo de la contaminación. Desde el metro Hampstead se llega por Heath Street a **Fenton House** (▶42). Antes de entrar en el bello **parque Hampstead Heath** (▶61), aparece **Two Willow Road,** ejemplo de arquitectura modernista. Al norte se ubica **Highgate,** con su famoso cementerio (▶45). En la barrio también merece una visita **Kenwood House** (▶49).

▌ HANDEL & HENDRIX IN LONDON   ★

Inaugurado en 2001 como museo dedicado a la vida y obra del compositor Händel, el edificio se transformó en 2016 en el Handel & Hendrix in London. La razón para tan curiosa mezcla de estilos musicales es que adyacente al 25 Brook Street, residencia de Händel y donde compuso su famoso *Mesías,* estaba la que fue residencia del guitarrista estadounidense nacido en Seatle Jimi Hendrix, en el 23 de Brook Street.

El centro acoge una muestra de excelente mobiliario georgiano restaurado y retratos de Händel y sus contemporáneos, además de recuerdos de Jimi Hendrix como su guitarra acústica *Epiphone FT79.*

▪ HARRODS ★★

Inaugurado en 1849 como una pequeña tienda de comestibles con tan solo dos empleados, hoy es uno de los grandes almacenes de referencia de la ciudad. Se puede encontrar cualquier cosa: desde muebles a ropa de deportes. Cuenta con más de 20 restaurantes con todo tipo de comidas. El edificio es una obra de arte; al recorrerlo se admira su profusa decoración, donde destaca el pasillo egipcio. Por la noche, su exterior es iluminado por 11.500 bombillas. Internacionalmente conocido por sus rebajas y por el que fuera su propietario, Mohamed Al-Fayed, fallecido en 2023 y padre de Dodi Al-Fayed, pareja de Diana de Gales, que murió junto a ella en un accidente de tráfico en París. En el interior, una estatua honró la memoria de la pareja hasta 2018 que fue retirada y devuelta a Mohamed Al-Fayed.

🕐 9 (C1)
✉ 87-135 Brompton Road
🌐 www.harrods.com
Ⓜ Knightsbridge
🕐 L-S: 10-21 h; D: 11.30-18 h
🚌 14, 19, 22, 74, 137, 214, 452 y C1
✚ Hyde Park, Victoria & Albert Museum, Museo de Historia Natural y Museo de Ciencias
♿ Excelentes

▲ Monumental fachada de los almacenes Harrods.

▪ HIGHGATE CEMETERY ★★★

Inaugurado en 1839 y ampliado en 1854, es uno de los grandes cementerios victorianos de Londres, con más de 850 personajes de relevancia enterrados: académicos, alcaldes, escritores, políticos... En su arquitectura destacan la **Avenida Egipcia** y el **Círculo de Líbano** (encabezado por un enorme cedro). La parte más antigua, con una arquitectura espectacular, es el cementerio oeste, con una gran colección de mausoleos, lápidas victorianas y tumbas minuciosamente talladas. El cementerio este introduce estatuas más modernas. Se dice que las **Terrace Catacombs** inspiraron a Bram Stoker para escribir su *Drácula*.

🕐 f.p.
✉ Swain's Lane
🌐 www.highgatecemetery.org
Ⓜ Archway
🕐 Mar-Nov: 10-17 h. Dic-Feb: 10-16 h. Ofrecen visitas guiadas, recomiendan reservas en su web.
🚌 C2, C11, 143, 210 y 271
✚ Hampstead Heath y Kenwood House
♿ Buenos

I HOUSES OF PARLIAMENT (▶31) ★★★

I HYDE PARK ★★★

En 1536, Enrique VIII adquirió los terrenos –actualmente 142 ha– y fue en 1851 cuando albergó uno de sus eventos más importantes: la Exposición Universal, celebrada en el Palacio de Cristal bajo el auspicio del príncipe Alberto, esposo de la Reina Victoria. Ver Parques Reales (▶60).

I IMPERIAL WAR MUSEUM ★★★

Inaugurado el 9 de junio de 1920 por el rey Jorge V en el Palacio de Cristal, fue trasladado a su actual ubicación y en 1936 fue reinaugurado por el duque de York. Cerrado desde 1940 a 1946, sus colecciones más valiosas salieron de Londres. Cuenta la historia de los conflictos militares desde la I Guerra Mundial hasta hoy. Se exhiben aeroplanos, tanques, fotografías, cartas personales, películas, grabaciones y pinturas. Tras un periodo de reformas, en 2014 reabrió sus puertas para conmemorar el primer centenario del comienzo de la **I Guerra Mundial.** Durante las obras se creó un atrio para exponer los objetos más grandes y terrazas para mostrar las piezas más relevantes.

Sus exposiciones permanentes versan sobre la **Gran Guerra; II World War; The Holocaust Exhibition,** la persecución de los nazis a los judíos; **The Lord Ashcroft Gallery: Extraordinary Heroes Exhibition,** colección de condecoraciones militares; **Peace and Security: 1945-2014,** conflictos modernos; **Turning Points: 1934-1945,** momentos clave de las guerras relacionándolos con la vida cotidiana, y **Witnesses to War,** en el atrio, objeto testigos de la guerra y **Blavatnik Art, Film and Photography,** arte y fotografía para retratar la guerra moderna: cambios sociales, culturales y políticos de los siglos XX y XXI.

• • • • • • • • •
- ⏱ 12 (D1)
- ✉ Lambeth Road
- 🌐 www.iwm.org.uk/visits/iwm-london
- ⏱ L-D: 10-18 h
- 🚇 Lambeth North, Waterloo, Southwark y Elephant & Castle
- 🚌 3, 12, 53, 59, 148, 159, 344, 360, 453 y C10
- ♿ Buenos
- 🎫 Gratuito

▼ Lago Serpentine, Hyde Park.

Por el Londres de la Realeza

Distancia
6,5 km

Tiempo
4 horas y media

Punto de partida
Hyde Park
🚇 Hyde Park Corner
🕐 9 (C2)

Punto de llegada
Royal Academy of Arts
🚇 Piccadilly Circus
🕐 10 (A-B2)

Comida
Murger Han Mayfair (M-C)
✉ 8A Sackville Street
🚇 Piccadilly Circus
☎ www.murgerhan.co.uk

▮ The Queen y The Crown

Desde su coronación en 1952, Isabel II fue protagonista de grandes momentos históricos y otros que habría preferido que hubieran quedado en el ámbito personal, pero que fueron "aireados" por los medios. Su reinado en la era de la comunicación global mostró, casi a tiempo real, la vida de su Corte al mundo entero. Los difíciles matrimonios de sus hijos llevaron a la institución a una crisis que la Reina superó con carisma y dotes de mando. Un buen reflejo de su carácter se muestra en la estupenda película *The Queen* o en la magnífica serie *The Crown*.

▮ El recorrido comienza en **Hyde Park** (▶46), uno de los ocho parques reales de la ciudad, con su bello lago y su famoso rincón **Speaker's Corner.**

Enfrente está el **Wellington Arch,** que se puede visitar y proporciona magníficas vistas de los parques colindantes. En su parte superior, una estatua en bronce representa a un ángel de paz que desciende sobre el carro de guerra.

▮ Continuamos hasta la residencia oficial de Carlos III, **Buckingham Palace** (▶30). Solo se puede visitar en verano coincidiendo con sus vacaciones estivales. El **cambio de guardia real** es uno de los espectáculos más populares de la ciudad.

Alrededor del palacio está **St James' Park,** otro parque real, un lugar tranquilo, ideal para disfrutar de un agradable paseo, y cerca, **Clarence House,** construida entre 1825 y 1827 por John Nash, antigua residencia de Carlos III.

▮ Regresando hacia Buckingham Palace y siguiendo el Birdcage Walk, se llega a St James' Palace y junto a él se hallan las **Cabinet War Rooms.**

En Brigde Street están las **Houses of Parliament** (▶31). Bajando por Horse Guards Road se llega al **10 de Downing Street,** residencia del Primer Ministro. Por Whitehall, se puede ver el cambio de guardia en la **Horse Guard.**

▮ Al final de Whitehall está **Trafalgar Square** (▶72), con la columna de Nelson y los leones; la **National Portrait Gallery** y la **National Gallery** (▶20), la pinacoteca más importante de Londres.

Continuando por Charing Cross, a la derecha se ubica la **iglesia de St Martins-in-the-Fields** (▶63), que ofrece un interesante y variado programa de conciertos. Desde allí podemos caminar hasta **Leicester Square,** zona peatonal con gran número de cines y pubs. En su centro hay un pequeño parque dominado por una estatua de William Shakeaspeare. Para finalizar, continuamos hasta **Piccadilly Circus,** donde se halla la **Royal Academy of Arts** (▶58), la institución de Bellas Artes más antigua del país.

▼ Kensington Palace.

JERMYN STREET ★★

El origen de Jermyn Street (pronunciado Yerman) se remonta a 1664, cuando Carlos II autorizó a Henry Jermyn, conde de St. Albans, a que potenciase un área cercana al palacio de St. James. Se convirtió en el centro del tradicional Londres de los Caballeros con camiserías, sastrerías, joyerías y anticuarios.

JEWEL TOWER ★

Construida en 1365, es una de las dos partes que se conservan del palacio de Westminster, junto con el Hall de Westminster. Usada para guardar las pertenencias de Eduardo III como Armario Real, fue construida entre las paredes defensivas, en el ala sur del palacio; por ello, se salvó del fuego de 1834. Desde 2013, cuenta con una exposición sobre su historia.

KENSINGTON PALACE ★★★

En 1689, Guillermo III y María II adquirieron Nottingham House en Kensington, una zona cercana a Londres que ofrecía al monarca, que sufría asma, un aire más puro. Sir Christopher Wren la reformó, y añadió pabellones en sus cuatro esquinas, reorientando el edificio con el diseño de una nueva entrada. Jorge II fue el último monarca que residió

en el palacio y, bajo su mandato, Charles Bridgeman rediseñó los jardines tal y como se conocen en la actualidad. En 1981 se convirtió en residencia de los príncipes de Gales, Carlos y Diana. Tras su divorcio, Diana residió allí hasta su muerte. Un monumento en los jardines la recuerda (▶60). Desde 2011 es la residencia oficial de los príncipes de Gales, William y Kate en Londres.

En su interior destaca la **escalera del Rey**, paredes y techo que fueron pintados por Guillermo

Kent con representaciones del tribunal de Jorge I; la **Galería del Rey**, el mayor de los apartamentos de Estado, decorada para el rey Jorge I en 1727; y la **colección real de vestidos ceremoniales**. Tras su moderna restauración ofrece una exposición sobre la reina Victoria.

KENWOOD HOUSE ★★

Edificada a principios del siglo XVII, fue adquirida en 1754 por William Murray, el primer conde de Mansfield. En 1925 la adquirió el magnate cervecero Edward Guinness. Alberga en su interior obras maestras de Rembrandt, Tornero, Reynolds, Gainsborough y Vermeer y la colección Suffolk, con sus retratos magníficos isabelinos y de la dinastía Estuardo realizados por Larkin, Van Dyck y Lely. El jardín es obra del paisajista inglés, Humphry Repton. La mansión fue donada al Estado tras su muerte, y en 1928 se abrió al público. En 2013 fue restaurada.

- f.p.
- Hampstead Lane
- www.english-heritage.org.uk/visit/places/kenwood
- Invierno: 10-16 h; verano: 10-17 h.
- Archway y Golders Green
- 210 y H3
- Hampstead Heath
- Buenos
- Gratuita. Necesario reservar la entrada en su web.

LEIGHTON HOUSE ★★

Antigua casa-estudio del artista victoriano Frederic Leighton desde 1866 hasta su muerte, en 1896. Durante este tiempo, el artista y el arquitecto George Aitchison embellecieron su interior. En 1879 añadieron su fabuloso hall árabe, inspirado en sus viajes a Oriente Medio; la biblioteca, la sala de la seda y el estudio. Muestra una exposición permanente de pinturas victorianas, dibujos y esculturas con obras de Leighton, Burne-Jones, Millais, Stevens, Alma-Tadema y el legado de Cecil French. Tras permanecer un tiempo cerrada por reformas, fue reabierta en 2010.

- f.p.
- 12 Holland Park Road
- www.rbkc.gov.uk/museums/leighton-house
- X-L: 10-17.30 h.
- High Street Kensington y Kensington Olympia
- 9,10, 27, 28, 49 y 328
- Buenos

LLOYD'S BUILDING ★

Uno de los símbolos del moderno Londres, construido entre 1978 y 1986, fue diseñado por Richard Rogers, el arquitecto del Centro Pompidou de París. Con 88 m de alto, consta de 14 plantas, 3 torres principales, 3 torres de servicio y 12 ascensores de cristal. Apodado *La refinería,* fue inaugurado por la reina Isabel II.

- 7 (D2)
- One Lime Street
- www.lloyds.com
- Bank y Monument
- 21, 23, 43, 76, 133 y 141

LONDON DUNGEON (MAZMORRAS DE LONDRES) ★★

Espectáculo que muestra los momentos más oscuros de la historia de la ciudad con actores y efectos especiales. Desde Jack, *el Destripador* hasta el gran incendio, la tortura, las plagas o Sweeney Todd. No es aconsejable para niños pequeños, personas impresionables o con problemas cardíacos.

- 13 (B1)
- County Hall, Westminster Bridge Road
- Consultad web. Varía estacionalmente.
- thedungeons.com/london/
- Northern, Jubilee y Bakerloo
- 12, 53, 77,148, 159, 211, 381
- Buenos

- 🕐 11 (B2)
- ✉ South Bank
- 🕐 Consultar web. Varía estacionalmente.
- 🖥 www.londoneye.com
- 🚇 Waterloo y Westminster
- 🚌 77, 211 y 381
- ♿ Buenos

▲ La London Eye de noche.

- 🕐 11 (A1-2)
- ✉ Covent Garden Piazza
- 🖥 www.ltmuseum.co.uk
- 🕐 L-D: 10-18 h.
- 🚇 Covent Garden,
- 🚌 9, 11, 13, 15, 23, 139
- ♿ Muy Buenos

▌ LONDON EYE ★★

Inaugurada en marzo de 2000, esta enorme noria junto al Támesis se ha convertido en una de las atracciones favoritas de los visitantes. Se concibió como un símbolo de la moderna Gran Bretaña; sus arquitectos David Marks y Julia Barfield diseñaron una gran noria como metáfora del cambio de siglo. Desde sus 135 m de altura se divisan más de 40 km en todas las direcciones, lo que permite divisar los monumentos más emblemáticos de Londres. Es recomendable por la panorámica que ofrece, en los días despejados incluso se ve el Castillo de Windsor, aunque su precio sea algo excesivo.

▌ LONDON TRANSPORT MUSEUM ★★

Desde 1980 abre sus puertas en Covent Garden Piazza, aunque fue fundado en la década de 1920 en otra ubicación. Refleja todos los ámbitos de la historia del transporte en Londres, desde siglo XIX

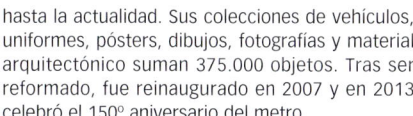

hasta la actualidad. Sus colecciones de vehículos, uniformes, pósters, dibujos, fotografías y material arquitectónico suman 375.000 objetos. Tras ser reformado, fue reinaugurado en 2007 y en 2013 celebró el 150º aniversario del metro.

| MADAME TUSSAUDS (MUSEO DE CERA) ★★★

Con más de 200 años de historia, toma su nombre de la escultora de cera, Marie Tussauds. Es una de las atracciones más conocidas y visitadas de Londres, así como el museo de cera más famoso del mundo, con sucursales en muchas ciudades. Reúne réplicas en cera de cantantes, actores, deportistas, científicos, políticos... Recomendable tanto para niños como para adultos. La entrada incluye el acceso al auditórium, antiguo planetario de Londres. Inaugurado en 1958, fue reabierto en julio de 2006 con un espectáculo creado por Aardman Animations.

▲ El Museo Madame Tussauds es el museo de cera más conocido en el mundo.

3 (C2)
Marylebone Road
www.madametussauds.com/london
Consultad web. Varía estacionalmente.
Baker Street y Regents Park
13, 18, 27, 30, 74, 82, 113, 139, 189, 205, 274 y 453
Buenos

Por los Inns of Court

Distancia
1,6 km

Tiempo
1-2 horas

Punto de partida
Inner Temple
🚇 Temple
🕐 6 (D1)

Punto de llegada
Gray's Inn
🚇 Chancery Lane
🕐 5 (C2)

Comida
Gazette Chancery
✉ 17-18 Took's Court
🌐 gazettebrasserie.co.uk
🕐 L-V: 8-22.30 h y S: 17-
22.30 h. D: cerrado.

Entre la City y Westminster, centros del poder económico y político de Londres, se encuentra el Temple. Suprimida en 1307 la Orden de los Templarios, sus bienes pasaron a la Corona y sus terrenos y edificios fueron cedidos al Middle Temple y al Inner Temple. Ambos forman parte de los Inns of Court: Colegios Profesionales de Abogados de Inglaterra y Gales, que en la actualidad se reducen a cuatro: Middle Temple y Inner Temple, en la City of London, pero con jurisdicción propia, y Gray's Inn y Lincoln's Inn que se ubican en Camden y sin jurisdicción propia.

El recorrido comienza visita al **Inner Temple.** Su proximidad al Támesis provocó que la biblioteca y el vestíbulo fueran bombardeados y destruidos en septiembre de 1940, durante la II Guerra Mundial.

Ubicados en King's Bench Walk, sus edificios más antiguos datan del siglo XVII, y cuenta con unos jardines espectaculares.

Junto a él se ubica la **Temple Church.** La parte más antigua, consagrada en 1185, imita la planta redonda del Santo Sepulcro de Jerusalén. Destacan sus nueve efigies de caballeros y su estilo arquitectónico, de transición entre el gótico y el normando. Atrae a bastantes visitantes tras su aparición en el bestseller de Dan Brown, *El Código da Vinci.* A veces la entrada por Fleet Stree está cerrada y hay que rodearla por detrás.

▼ Middle Temple Hall.

Middle Temple, en Middle Temple Lane, fue inaugurado en 1575 por la reina Isabel I. El Middle Temple Hall, sin duda, está considerada su sala más bella, decorada con madera de roble, escudos y retratos.

Desde el Temple, se puede pasear por Chancery Lane y, girando a la izquierda, está **Lincoln's Inn,** con una estupenda puerta tudor. Destaca el Old Hall del siglo XV, su capilla del siglo XVII, diseñada por Iñigo Jones, y sus bellos jardines.

Al norte de Lincoln's Inn aparecen algunas reliquias del "antiguo Londres legal", zona en la que hubo diez colegios de abogados. Siguiendo High Holborn, en South Square, se llega a **Gray's Inn,** el más bucólico de los cuatro Inns. Una estatua del filósofo Francis Bacon, miembro del Inns, domina la plaza.

◀ The Monument.

I MONUMENT ✱✱

Construido en 1677 para conmemorar el Gran Incendio de Londres de 1666, fue diseñado por Sir Christopher Wren. La columna se ubica a 62 m de Pudding Lane, donde comenzó el fuego. Subiendo sus 311 escalones se divisan unas magníficas vistas.

🕐 13 (A1)
🌐 www.themonument.org.uk
🕙 L-D. 9:30-13 h y 14-18 h
Ⓜ Monument
🚌 17, 21, 43, 48, 133, 141, 149, 521
♿ No accesible.

I MUSEUM OF LONDON DOCKLANDS ✱✱✱

Ubicado en un bello almacén victoriano, ocupa cinco plantas. Explora la historia del Támesis, del puerto, del comercio de mercancías y esclavos y de su gente desde el asentamiento romano hasta la reciente reforma de los antiguos Docklands. Abarca 2.000 años de acontecimientos mediante doce exposiciones permanentes sobre la historia, arqueología y la cultura contemporánea londinense. Algunas de sus muestras tienen como misión la integración cultural y educativa de las comunidades que habitan en la ciudad. El museo incluye la **Mudlarks gallery,** un lugar destinado a los niños y sus padres.

🕐 f.p.
✉ West India Quay, Canary Wharf
🌐 www.museumoflondon.org.uk/docklands/
🕙 10-17 h
Ⓜ Canary Wharf
🚌 D3, D7, D8, 277, D6, 15, 115, 135.
♿ Buenos
🎫 Gratuito.

- 🕐 6 (C2)
- ✉ Smithfield General Market
- 🌐 www.museumoflondon.org.uk/museum-london
- 🕐 Cerrado por cambio de ubicación.
- 🚇 Barbican, Farrington

- 🕐 .f.p.
- ✉ Royal Hospital Road, Chelsea
- 🌐 www.nam.ac.uk
- 🕐 M-D:10-17.30 h.
- 🚇 Victoria y Sloane Square
- 🚌 170
- ♿ Buenos
- 🎟 Gratuito

▍ MUSEUM OF LONDON ★★★

Se encuentra cerrado por cambio de ubicación, se traslada a West Smithfield. Ocupará varios edificios del Smithfield General Market. Su apertura está prevista para 2026. El renovado museo repasará la historia de Londres a través de nuevas colecciones. Mientras tanto se puede visitar el Museum of London Docklands.

▍ NATIONAL ARMY MUSEUM ★

Creado para contar la historia del Ejército británico –desde la conquista normanda hasta la actualidad–, analizando las vidas de los que han servido en él y su impacto en la historia de Gran Bretaña y del Mundo en un moderno edificio. Posee cuatro galerías permanentes: *Formación*, sobre los orígenes del ejército británico; *Soldado*, las experiencias de los soldados; *Papel global*, el despliegue del ejército británico en el mundo, y *Conflicto en Europa*, el papel del ejército en el mantenimiento de la estabilidad en Europa desde el siglo XVIII hasta la actualidad. En 2017 reabrió tras una importante reforma.

| NATIONAL GALLERY (▶20) ★★★

| NATIONAL PORTRAIT GALLERY ★★★

Inaugurada en 1856, se trasladó a su ubicación actual en 1896. En su entrada se encuentran los bustos de sus principales impulsores: Philip Henry Stanhope, Thomas Babington Macaulay y Thomas Carlyle. Alberga la mayor colección de retratos del mundo, incluyendo los de célebres personajes británicos desde la Edad Media hasta la actualidad. Se exponen alrededor de 1.300 retratos en tres plantas de manera cronológica, desde Enrique VIII hasta The Beatles, pasando por Shakespeare, Haendel, Jane Austen, Dickens... El recorrido comienza en la segunda planta con los retratos de los Tudor y con otros de los siglos XVI, XVII y XVIII; los victorianos y de principios del siglo XX se encuentran en la primera planta, y los contemporáneos en la planta baja. Se celebran exposiciones temporales y es posible encontrar información interactiva sobre los más de 25.000 retratos de la colección.

11 (A1)
St. Martin's Place
www.npg.org.uk
L, M, X, S, D: 10.30-18 h; J-V: 10.30-21 h
Leicester Square, Charing Cross y Embankment
Trafalgar Square
24, 29 y 176
Charing Cross
Excelentes
Gratuito

| NATIONAL HISTORY MUSEUM (▶22) ★★★

▲ Majestuoso reloj del Smithfield Market.

UN PASEO A PIE

Por el Támesis

Distancia
3,2 km

Tiempo
2-3 horas

Punto de partida
Westminster Bridge
🚇 Westminster
🕐 11 (C1-2)

Punto de llegada
London Bridge
🚇 Monument
🕐 13 (A1)

Comida

**Coppa Club
Tower Bridge** (M)
✉ 3 Three Quays Walk,
 Lower Thames
🌐 coppaclub.
 co.uk/tower
🚇 Tower Hill
🕐 L-S: 9-23 h y D: 9-22 h

❚ A lo largo de 346 km, el Támesis recorre Oxford, Windsor o Eton, antes de llegar a Londres. En las afueras pasa por Hampton Court, Kingston, Teddington, Twickenham, Richmond, Syon House y Kew.

Existen muchas posibilidades de realizar un itinerario partiendo desde el centro: en bicicleta, caminando o en barco. Un recorrido recomendable para familias con niños o personas que deseen realizar una ruta tranquila comienza en Westminster Bridge y finaliza en el London Bridge.

❚ Partiendo de la estación de metro Westminster se cruza el **Westminster Bridge** hacia la orilla sur y, recorriendo Belvedere Road se encuentra el **County Hall building** y el **London Eye** (▶50).

Hungerford Rail Bridge, que es atravesado por trenes, nos lleva a la ribera norte del Támesis, a **Charing Cross.** Girando a la derecha, y siguiendo desde Embankment hasta el Waterloo Bridge, se atraviesa de vuelta la ribera sur.

❚ Dejando, Belvedere Road, se toma Upper Ground donde se ubican el **Royal National Theatre** y la **OXO Tower** y descendiendo hacia Stamford Street y Southwartk Street se encontrará la **Tate Modern,** el **New Globe Walk** y el **Shakespeare's Globe** (▶64). El paseo prosigue por Bankside y Thames Path con la prisión The Clink en Clink Street.

En Cathedral Street se sitúa la **Southwark Cathedral** (▶67). A través del **London Bridge** comienza el regreso a la orilla norte. Si se prolonga el recorrido alrededor de 1,5 km más, continuando desde Monument por Byward Street, se llega a, la Torre de Londres y al **Tower Bridge.**

▼ El río Támesis Río Támesis es el más largo de Inglaterra.

❚ OXO TOWER ✱

Este edificio *art déco* fue diseñado por el estudio del arquitecto Albert Moore entre 1928 y 1929. En la fachada, la empresa Liebig incluyó el nombre de su producto con letras luminosas: Oxo. En la década de 1990, la torre fue reformada por Liftschutz Davidson. Alberga restaurantes, tiendas y un espacio de exposiciones. Desde el octavo piso se alcanzan bellas vistas.

🕐 12 (A1)
✉ BargeHouse St/South Bank, The Borough
🌐 coinstreet.org/oxotowerwharf
🚇 Royal National Theatre, Tate Modern y Shakespeare's Globe
🚉 Waterloo y Southwark
🚌 381

❚ PICCADILLY CIRCUS ✱✱

Fue creado en 1819 uniéndose con Regent Street. Picadilly fue mencionado por primera vez en 1626 como Pickadilly Hall, una casa perteneciente al famoso sastre, Robert Baker que vendía *piccadills* o *piccadillies,* varios tipos de collares. Hoy es conocido por sus luces de neón y sus grandes carteles publicitarios para marcas como Coca-Cola desde 1955. Destaca la **fuente** en memoria de Shaftesbury y la estatua conocida como **Eros** o como *El Ángel de la Caridad Cristiana.* En sus proximidades se yerguen edificios como el **London Pavilion** y el **Criterion Theatre.**

🕐 10 (A2)

▲ Shaftesbury Avenue en Piccadilly Circus, la fuente con la estatua de Eros y la Oxo Tower.

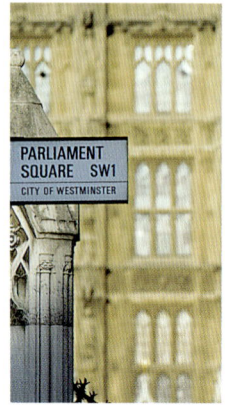

🕐 11(C1)
🚇 Westminster
✚ Abadía de Westminster, Casas del Parlamento
🚌 11, 24, 88, 148 y 211

▲ Parliament Square e interior de la Royal Academy of Arts.

🕐 10 (A-B2)
✉ Burlington House, 1 Picadilly
🖥 www.royalacademy.org.uk
🕐 M-J y S-D: 10-18; V: 10-19 h
🚌 9, 14, 19, 22 y 38
♿ Buenos
💳 Algunas exposiciones son gratuitas.

❚ PARLIAMENT SQUARE ✱

Diseñada por Sir Charles Barry en 1868, fue aquí donde se instalaron las primeras señales de tráfico de la ciudad. En 1950 sufrió una remodelación de manos de George Grey Wornum. Situada al noroeste de Londres, junto al palacio de Westminster, consta de una amplia zona verde en pleno centro y otra, arbolada, en el oeste. El lado este se ha convertido en el punto de encuentro desde el que iniciar las protestas contra el Gobierno. En la plaza se yerguen estatuas de personajes importantes como Robert Peel o Nelson Mandela.

❚ REGENT'S PARK ✱✱✱

Enrique VIII adquirió estos terrenos que posteriormente fueron vendidos por Cromwell. No fue hasta 1811 cuando el parque volvió a ser propiedad de la corona británica. Destacan sus más de 400 variedades de rosas y sus impresionantes vistas de Primrose Hill. Ver Parques Reales (▶60).

❚ ROYAL ACADEMY OF ARTS ✱✱✱

Fundada en 1768 por Jorge III, ocupa la bella Burlington House. Es la institución más antigua de Bellas Artes del país. Sus tesoros se muestran en una exposición permanente en las **salas John Madeski;** pinturas de Reynolds, Gainsborough, Constable o Turner; muebles del siglo XVIII; la caja de acuarelas de la Reina Victoria; la única escultura de Miguel Ángel del país; el inacabado mármol de *La Virgen y el Niño,* en la entrada de las galerías Sackler, y una copia de *La Última Cena,* de Leonardo da Vinci. Desde 1869 realiza una exposición conocida como *Summer Exhibition,* con la finalidad de recaudar fondos para sus escuelas de Bellas Artes.

I ST. BARTHOLOMEW-THE-GREAT ✶✶

De estilo normando, data de 1123 y fue fundada por Rahere, cortesano y favorito del rey Enrique I. En sus orígenes formaba parte de un monasterio agustino. En 1539 cuando Enrique VIII disolvió los monasterios, se convirtió en iglesia parroquial. Hoy este templo, con sus antiguos arcos, la piedra enne- grecida, las tallas en madera oscura y la iluminación baja, emana paz.

○ 6 (C2)
✉ West Smithfield
◎ www.greatstbarts.com
◷ L-S: 10-17 h y D: 8.30 a 18.30 h. Pueden variar.
Ⓜ Barbican, St. Paul's y Farringdon
🚌 4, 8, 17, 25, 45, 46, 56, 63, 100, 153, 242, 243, 341 y 521
♿ Buenos
💲 Gratuito.

I ST. BRIDE'S ✶

Restaurada por Sir Christopher Wren, la iglesia data de 1675. El primer asentamiento religioso se remonta al siglo VI, con una iglesia dedicada a St. Brigit de Kildare. Sufrió los efectos del Gran Incendio y de la II Guerra Mundial, ya que fue bombardeada en 1940; por ello, su interior tuvo que ser reconstruido. En su cripta se narra la historia de las seis iglesias anteriores.

○ 6 (D1)
✉ Fleet Street
◷ L-V: 8-17 h, S: 10-15.30 h y D, 10-18.30 h
◎ stbrides.com
Ⓜ St Paul's y Blackfriars
🚌 4, 11, 15, 23, 26, 76 y 172
♿ Buenos
💲 Gratuito.

I ST. JAMES' PALACE ✶

Construido por orden de Enrique VIII en el lugar que ocupaba un hospital de leprosos en el siglo XVI, pronto quedó relegado a un segundo plano por el palacio de Whitehall. Realizado con ladrillo rojo al estilo tudor, y rodeado de cuatro patios, se convir- tió en residencia real en 1698 tras el incendio del palacio Whitehall. En 1809 fue pasto de las llamas. Las salas de Estado fueron restauradas en 1813, siendo hoy en día las más destacadas, ya que han sido ampliadas por Christopher Wren y decoradas

○ 10 (B2)
✉ Birdcage Walk
Ⓜ St. James
🚌 8, 16, 38, 44, 52, 73, 82, 185, 239, 507, C1 y C10

▼ St. James' Palace.

Por los parques reales londinenses

información práctica:
Parques reales:
📍 www.royalparks.org.uk

Distancia
3,2 km

Tiempo
3-4 horas

Punto de partida
St James's Park
🚇 Westminster
⏱ 10 (B-C2)

| Los parques más importantes de Londres, los *Royal Parks* (o parques reales) ocupan unos 20 km². En el centro se hallan Green Park, St. James's Park, Hyde Park, Kensington y Regent's Park. Los más extensos están a las afueras: Greenwich, Bushy y Richmond.

En el centro

Junto al Támesis y Westminster está **St James's Park** (▶47), con 23 ha de extensión, en su lago se puede ver hermosas especies de patos y cisnes. Un lugar ideal para hacer un picnic.

Separado del primero por The Mall se halla **Green Park**. Abierto al público en 1826, fue creado en

▲ Dos rincones en Hyde Park.

Punto de llegada
Kensington Gardens
🚇 Queensway
⏱ 8 (A-B-C1)

Comida
The Orangery Restaurant
✉ Kensington Palace
Kensington Gardens
🚇 Queensway
📍 www.hrp.org.uk/
kensington-palace/visit/
eating

1554 y ocupa 19 ha. En su frontera con Piccadilly comienza **Hyde Park** (▶46), parque real desde 1536. Aquí se puede patinar e ir en bici y ha sido escenario de importantes conciertos como los ofrecidos por Luciano Pavarotti, The Who o The Rolling Stones. En el lago Serpentine se puede remar y nadar y conforma la frontera natural con **Kensington Gardens** (▶48). Creados en 1689, a partir de un terreno de Hyde Park, tras la decisión de Guillermo III y María II de instalarse en el palacio de Kensington. Ocupa 111 ha y entre sus monumentos más relevantes se encuentran el Albert Memorial, la estatua a Peter Pan y las fuentes italianas. Acoge la **Serpentine Gallery** y es comienzo del paseo dedicado a la princesa Diana. Al norte de Hyde Park se sitúa **Regent's Park** (▶58). Cuenta con un teatro al aire libre. Abarca 166 ha donde se ubica un maravilloso jardín de rosas, un lago con islas, zona infantil, el **London Zoo** y The "Hub", un gran centro deportivo.

En las afueras de Londres

En el suroeste, entre el río Támesis y Wimbledon Common se sitúa **Richmond Park**. Designado Reserva Natural Nacional, ocupa 800 ha y es un magnífico lugar para pasear, ir en bici o a caballo. También se pueden ver ciervos en libertad. También en el suroeste, **Bushy Park** abarca un terreno de 445 ha, con árboles ancianos, bosques, estanques y riachuelos. Acoge una gran diversidad de hongos, plantas y animales (sobre todo aves). En el sureste está **Greenwich Park** que fue creado en 1433 y ocupa 74 ha. Situado en la cima de una colina ofrece vistas desde río Támesis hasta los Docklands y la City. Pertenece al Greenwich World Heritage Site, acoge el Royal Observatory y el meridiano cero. En sus alrededores se encuentra la Queen's House y el National Maritime Museum.

Kew Gardens

De visita obligada para los aficionados a la botánica. Cuenta con una gran diversidad de especies desde variedades tropicales a desérticas. Destaca la **Palm House** donde se despliegan majestuosas plantas tropicales de todo el mundo: bananeros, fruto del árbol del pan y papaya, entre otros. Los **Royal Botanic Gardens** fueron declarados Patrimonio de la Humanidad por la UNESCO. Ver (▶80).

▲ Regent's Park en primavera.

Otros espacios verdes en la ciudad

Battersea Park. Hermosa zona ajardinada, en el margen sur del Támesis. Acoge un templo japonés y el Battersea Park Children's Zoo.

Hampstead Heath. Ofrece una bella panorámica desde Parliament Hill y es un lugar ideal para volar cometas, bañarse en sus tres estanques al aire libre, practicar natación, atletismo o petanca.

Jubilee Gardens. Creados para conmemorar el 25º aniversario en el trono de Isabel II. Se sitúan en la orilla sur, cerca del London Eye. Se levanta un **monumento** en honor de las Brigadas Internacionales que participaron en la Guerra Civil Española.

Victoria Park. Inaugurado en 1845, es el parque público más antiguo de Gran Bretaña y se extiende a lo largo del East End. Dispone de instalaciones infantiles, un parque y una piscina.

Thames Barrier Park. Moderno oasis urbano con césped y árboles. Con un área de juegos para niños, pincnic, pistas de fútbol y baloncesto, etc.

por William Kent. Algunas fueron reformadas posteriormente por William Morris. Albergan excelentes muebles, tapicerías de Mortlake y retratos reales desde Enrique VIII. La **capilla de la Reina,** obra de Iñigo Jones, se abre al público en ocasiones especiales. Guillermo IV fue el último soberano que residió en el palacio, ya que en 1837 la reina victoria instaló su residencia en Buckingham Palace.

❙ ST. JAMES' STREET   ✶✶

La calle de los *Gentlemen* con los clubes más prestigiosos de Londres, entre ellos **White's** (en el número 37-38), **Brooks's** (en el 60) y **The Carlton Club** (en el 69), junto a algunas tiendas exclusivas como **John Lobb Bootmaker,** proveedor de botas de la familia real, y **Lock & Co. Hatters,** famosa sombrerería de 1676.

▶ Vista exterior de la tienda John Lobb Bootmaker.

❙ ST. KATHARINE DOCKS   ✶

Almacenes de los antiguos muelles, situados en las cercanías de la Torre de Londres. Toman su nombre del hospital de St. Katharine que fue demolido en el siglo XIX, junto a la mayoría de las casas de los trabajadores portuarios para construir los muelles. En 1828 se inauguraron, sin embargo sus dimensiones no permitían la entrada de buques de gran tonelaje. Durante la II Guerra Mundial fueron dañados seriamente por los bombardeos alemanes y en 1968 cerraron. A partir de los setenta se transformaron en un centro comercial y residencial con apartamentos de lujo, restaurantes, pubs, tiendas y barcos históricos amarrados.

❙ ST. MARGARET'S CHURCH   ✶✶

La que es parroquia del Parlamento Británico desde 1614 se sitúa junto a la abadía de Westminster, en la plaza del Parlamento, y está dedicada a Margaret of Antioch. Patrimonio de la Humanidad de la Unesco, junto con el palacio de Westminster y la abadía de Westminster, fue fundada en el siglo XII por monjes benedictinos, y reconstruida entre 1486-1526. Su interior fue restaurado en 1877 por Sir George Gilbert Scott. Winston Churchill se casó en esta iglesia, en la que destacan sus conciertos.

I ST. MARTIN-IN-THE-FIELDS ******

La existencia de un templo en este lugar ya se cita en documentos de época normanda, sobre el 1222. Alrededor de 1542, Enrique VIII construyó una iglesia, derribada en 1721 para ser sustituida por el edificio actual. Diseñada por James Gibbs, su construcción finalizó en 1726. Durante la II Guerra Mundial sirvió de refugio a soldados y en 1948 se fundó aquí un servicio de asistencia social. Por su magnífica acústica, se celebra recitales de música clásica, góspel y jazz. La cripta también acoge eventos de jazz, previo pago.

▼ Iglesia de St. Martin-in-the-Fields, junto a Trafalgar Square.

11 (A1)
Trafalgar Square
stmartin-in-the-fields.org
Consultad web. Varían.
Charing Cross, Leicester Square y Embankment
3, 6, 9, 11, 13, 14, 15, 23, 24, 29, 87, 88, 91, 139, 159, 176 y 453
Buenos

▶ Shakespeare's Globe.

ST. PAUL CATHEDRAL (▶26) ★★★

ST. STEPHEN WALBROOK ★

Esta iglesia sajona del siglo VII, reconstruida en 1439 y destruida por el Gran Incendio de Londres de 1666, destaca por su bella cúpula, obra de Sir Christopher Wren, que diseñó el actual edificio, de 1680.

SERPENTINE GALLERY ★

Fundada en 1970, se ubica en un clásico pabellón de té de 1934, en Kensington Gardens. Muestra arte contemporáneo y moderno en las cercanías del lago del que toma su nombre. Junto a la entrada se ubica la obra del poeta y artista Ian Hamilton Finlay, consistente en ocho bancos, una placa en un árbol y un círculo de piedra tallado a la entrada. La galería está dedicada a la princesa Diana de Gales.

SHAKESPEARE'S GLOBE ★★

Construido en 1599 por Peter Streete a orillas del río Támesis, The Globe sufrió un incendio en 1613, fue reconstruido en 1614, pero en 1644 fue demolido por la condena del puritanismo inglés a las representaciones teatrales de la época isabelina. El actor y director estadounidense Sam Wanamaker, involucrado en el proyecto desde 1970, consiguió que el teatro reabriera sus puertas en 1997 con el nombre de Shakespeare's Globe Theatre, aunque falleció en 1993 sin ver su proyecto terminado. Se ubica a unos 200 m de su emplazamiento original, y tiene capacidad para unas 1.500 personas. En él se representan obras durante el verano. El *Globe Education* investiga los trabajos de Shakespeare, y una exposición muestra el mundo del dramaturgo y sus contemporáneos.

I SHERLOCK HOLMES MUSEUM ✱

Según los libros de Sir Arthur Conan Doyle, Sherlock Holmes y el doctor Watson vivieron el 221b de Baker Street desde 1881 hasta 1904. Un edificio de especial protección por su valor arquitectónico que muestra una exposición dedicada al famoso detective y su época. Especialmente recomendado para sus fans y seguidores, ya sean lectores de novelas o espectadores de las muchas series y películas que recrean los casos del célebre detective.

- 🕐 3 (C1)
- ✉ 221b Baker Street
- 🌐 www.sherlock-holmes.co.uk/
- 🕐 9.30-18 h
- 🚇 Baker Street
- 🚌 74, 82,113, 274, 757, 758, 771
- ➕ Madame Tussauds
- ♿ Regulares

I SIR JOHN SOANE'S MUSEUM ✱✱✱

Antigua residencia de Sir John Soane, arquitecto del Banco de Inglaterra, se convirtió en museo público desde principios del siglo XIX; el edificio se compone de tres viviendas. Desde la muerte de Soane (1837) se conserva exactamente igual, y en él se exponen más de 20.000 obras: planos arquitectónicos; antigüedades clásicas, egipcias, medievales, renacentistas –el sarcófago egipcio de Seti I–; esculturas de los siglos XVII y XVIII; objetos orientales; mobiliario; vidrieras y pinturas de Hogarth, Turner y Canaletto.

- 🕐 5 (D2)
- ✉ 13 Lincoln's Inn Fields
- 🌐 www.soane.org
- 🕐 X-D y festivos: 10-17 h.
- 🚇 Holborn
- 🚌 1, 8, 25, 59, 68, 91, 168, 171, 188, 242, 243, 521 y X68
- ➕ British Museum
- ♿ Buenos
- 🎫 Gratuito

I SOHO ✱✱✱

Hasta 1536, el Soho era un área de cultivo, Enrique VIII lo convirtió en el parque real del palacio de Whitehall. En los siglos XVI y XVII fue vendido en parcelas por la Corona. Nunca llegó a ser una zona de moda para ricos y nobles que, en el siglo XVIII se marcharon y dejaron paso a los artistas. En el siglo XIX se llenó de

▼ Museo de Sherlock Holmes.

prostitutas, salones de música y pequeños teatros. En el xx se puso de moda entre intelectuales, artistas y escritores, y ya en la segunda mitad se establecieron los pubs. Hoy es un barrio multicultural, de entretenimiento, comercial e industrial.

❙ SOMERSET HOUSE ✦✦✦

En 1547 Edward Seymour construyó el edificio original para Eduardo VI. Aunque en el siglo xvii Iñigo Jones y Sir Christopher Wren la reformaron, Jorge III se vio obligado a encargar a William Chambers el diseño del actual palacio neoclásico de estilo paladino en 1776, debido al mal estado de conservación del anterior. Destaca la colección permanente de la **Courtauld Institute of Art Gallery,** que comprende desde el renacimiento hasta el modernismo del siglo xx. Expone además lienzos, dibujos, esculturas y artes decorativas. Recomendables las obras de Michelangelo, Canaletto, Cézanne, Rembrandt, Van Gogh y Picasso. El conjunto acoge desde abril de 2008, las **Galerías de Embankment,** con exposiciones de arte contemporáneo, diseño, arquitectura y fotografía. En el corazón del conjunto, la **plaza Edmond J. Safra** alberga en verano sesiones de cine al aire libre y conciertos conocidos como *Summer Series.* En Navidad se instala una pista de patinaje sobre hielo.

⏱ 11 (A1)

Strand

www.somersethouse.org.uk

8-23 h; 10-18 h para la Courtauld Gallery

Temple, Covent Garden, Charing Cross y Embankment

1, 4, 6, 9, 11, 13, 15, 23, 26, 59, 68, 76, 87, 91, 139, 168, 171, 172, 176, 188, 243, 341, 521, RV1 y X68

Buenos

Gratuito

▼ Southwark Cathedral.

I SOUTHWARK CATHEDRAL ✱

Se trata de la iglesia gótica más antigua de Londres, construida entre 1220 y 1420. El hermano de William Shakespeare, Edmund, fue enterrado en esta parroquia. También alberga un monumento conmemorativo al dramaturgo. Una capilla recuerda a John Harvard, benefactor de la Universidad de Harvard. En su cripta arqueológica se muestra un camino romano y hornos de cerámica del siglo XVII, y en sus jardines hay pinturas shakespearianas y bíblicas.

- 13 (B1)
- London Bridge
- http://cathedral.southwark.anglican.org
- L-S: 9-18 h; D: 8.30-17 h
- London Bridge
- 17, 21, 35, 40, 43, 45, 47, 48, 133, 141, 149, 381, 521, RV1
- Tate Modern y Shakespeare's Globe
- Buenos
- Gratis

I SPENCER HOUSE ✱✱

Palacio construido entre 1756 y 1766 por el primer Conde Spencer, un antepasado de Diana, Princesa de Gales. Destacan sus magníficas ocho salas de estado con mobiliario antiguo y neoclásico, diseñadas por John Vardy y James Stuart. Tras un intenso periodo de restauración, recuperó su esplendor primigenio con la incorporación de una magnífica colección de muebles y pinturas donde destacan cinco retratos de Benjamín West, cedidos por la reina Isabel II.

- 10 (B2)
- 27 St. James's Place
- www.spencerhouse.co.uk
- Visitas guiadas, D, 10.30-16 h. Cierra en agosto.
- Green Park y Victoria Station
- 3, 6, 9, 12, 13, 15, 23, 88, 94, 139, 159 y 453
- Buenos

I TATE BRITAIN ✱✱✱

Fundada en 1897, en el año 2000 la Tate Gallery de Londres se dividió en dos espacios: la Tate Britain y la Tate Modern. Fue la Tate Britain la que se

▼ Sala del Tate Britain.

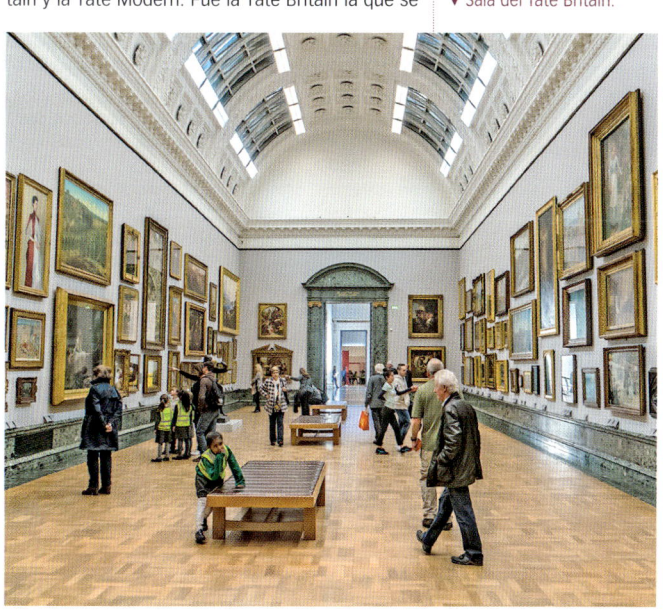

- f.p.
- Millbank
- tate.org.uk/visit/tate-britain
- 10-18 h.
- Pimlico/Vauxhall
- 2, 36, 87, 88, 185, 436 y C10
- Excelentes
- Gratuita.

- 12 (B2)
- Bankside
- www.tate.org.uk/visit/
  tate-modern
- D-J, 10-18 h; V-S, 10-22 h
- Blackfriars y London Bridge
- 45, 63, 100, 344, 381, RV1
- Southwark Cathedral
  y Shakespeare's Globe
- Excelentes
- Gratuita.

mantuvo en su emplazamiento original, en Millbank. Comprende una importante colección nacional de arte británico desde el siglo XVI hasta la actualidad, en la que destacan los retratos de la época de la reina Elisabeth I; el trabajo de William Hogarth; los retratistas del siglo XVIII, Gainsborough y Reynolds, y en el siglo XX, del trabajo de Stanley Spencer, Henry Moore, Barbara Hepworth y Francis Bacon. Mención aparte merecen los artistas británicos Blake y Constable, y la colección Turner, compuesta de 300 pinturas y acuarelas, emplazada en la Galería Clore.

TATE MODERN ★★★

Inaugurada el 12 de mayo de 2000, situada en una antigua central eléctrica diseñada por Sir Giles Gilbert Scott, es la galería de arte moderno más importante en el Reino Unido. La galería se articula en varios niveles: con tiendas, dos cafeterías, el auditorium Starr, el Clore Education Centre, salas para exposiciones temporales; más de 40 salas dedicadas a la exposición permanente y en en el sexto nivel, un restaurante con paredes de cristal desde el que se disfruta de un magnífico panorama y en el décimo nivel, un espacio para disfrutar de las

◀ El Tate Modern se ubica en la antigua central de energía de Bankside.

vistas de Londres tomando una bebida o un snack. En junio de 2016, el centro se extendió hacia el sur con la espectacular Switch House, una ampliación de los arquitectos suizos Herzog & De Meuron. En 2017 cambió su nombre a **Blavatnik Building**. Su colección muestra el itinerario artístico del siglo xx a partir de las grandes vanguardias históricas. No sigue el tradicional orden cronológico sino que se desarrolla en temáticas.Acogen las obras de grandes figuras del arte del siglo xx como Agnès Martin o Salvador Dalí.

I THE FOUNDLING MUSEUM ✱

La fundación fue inaugurada en 1739 por el filántropo Thomas Coram, y se constituyó como el primer hospicio de Londres hasta su cierre en 1953. El museo cuenta su historia, y expone objetos pertenecientes al orfanato. William Hogarth logró que algunos artistas donaran sus obras y así, creó la primera galería de arte pública del país. La colección contiene obras de Hogarth, Reynolds y Gainsborough, entre otros. También se muestran los interiores del edificio original y una exposición sobre el compositor Haendel, otro de los benefactores.

• • • • • • • • •

🕓 5 (B1)
✉ 40 Brunswick Square
🌐 www.foundlingmuseum.org.uk
🕓 M-S: 10-17 h; D: 11-17 h
🚇 Russell Square, King's Cross y St. Pancras
🚌 10, 17, 18, 19, 30, 38, 45, 46, 55, 59, 68, 73, 91, 168, 188 y 243
♿ Buenos

UN PASEO A PIE

Westminster

Distancia
8 km

Tiempo
5-6 horas

Punto de partida
Westminster Bridge
🚇 Westminster
🕐 11 (C1-2)

Punto de llegada
Wallace Collection
🚇 Bond Street
🕐 3 (D2)

Comida
Reform Social & Grill (M-C)
✉ The Mandeville Hotel.
2 Mandeville Place
🕐 L-D: 12-15 h, D-X: 18-22 h
y J-S: 18-22.30 h
🌐 www.reformsocialgrill.
co.uk

Información práctica
✉ City of Westminster
Westminster City Hall 64
Victoria Street
Londres, SW1E 6QP
🌐 www.westminster.gov.uk

▌ La City of Westminster se extiende al oeste de la City of London y al norte del Támesis. Contiene los principales organismos políticos y judiciales del país. Aquí abundan las mansiones y palacios, las áreas verdes, la mayoría de los teatros y cines del West End y las zonas de compras más conocidas.

Desde el **Westminster Bridge** se observa el **Palacio de Westminster** (▶31), caminando se llega al **Parliament Square** (▶58), por Millbank surge **St. Margaret Church, Westminster Abbey** y **Jewel Tower** (▶48). El conjunto está considerado Patrimonio de la Humanidad por la UNESCO desde 1987.

▌ Siguiendo Millbank se llega a la **Tate Britain** (▶67). A la izquierda se halla **Downing Street,** residencia del Primer Ministro, y continuando Whitehall, la **Horse Guards,** construida entre 1745-1755 por William Kent y John Vardy. La guardia cambia dos veces al día. Enfrente se alza la **Banqueting House** (▶37). Desde aquí se puede ver **St. James's Park** (▶60), donde se localizan: Buckingham Palace; las Cabinet War Rooms; Clarence House; St James's Palace y la Spencer House, perteneciente a un familiar de Diana.

Whitehall finaliza en **Trafalgar Square** (▶72), donde se sitúan la **National Gallery,** la **National Portrait Gallery** y la **iglesia de St. Martin-in-the Fields.** En el centro se divisa la columna de Nelson flanqueada por cuatro leones.

▌ Continuando por **Charing Cross** se llega a **Leicester Square.** Muchos teatros, cines y locales de restauración se ubican en esta plaza.

Seguimos Charing Cross hasta su cruce con Shaftesbury Avenue, a la izquierda aparece el **Chinatown** londinense, con numerosas tiendas y locales donde comer a precios asequibles. Bajando esta avenida se llega al **Soho** (▶65), y a **Piccadilly Circus** (▶57). Bajando Piccadilly Street en el 149 se ubica la **Apsley House** en el distrito de Mayfair. La **Somerset House** se ubica en Strand y resulta sencillo llegar desde Trafalgar Square. En los alrededores del metro Bond Street se ubican la **Wallace Collection** (▶73) y **Handel & Hendrix in London** (▶44).

◀ Tower Bridge.

⏱ 13 (B2)
📧 Tower Bridge
🌐 www.towerbridge.org.uk
⏱ 9.30-18 h (última entrada a las 17 h).
🚇 Tower Hill
🚌 15, 42, 78,100, RV1
🚉 London Bridge y Fenchurch Street
✚ The Monument, Torre de Londres y St. Katherine's Dock
♿ Buenos

▲ Fuente con delfín, tritón y sirenas en Trafalgar Square. Al fondo, la National Gallery.

⏱ 11 (B1)
📧 Charing Cross, Embankment y Leicester Square
🚌 24, 29, 94 y 176

▍ TOWER BRIDGE EXHIBITION ★★★

Uno de los puentes más conocidos del mundo se alza sobre el Támesis desde 1894. Desde allí se disfrutan unas impresionantes vistas a 45 m de altitud. Fue en 1876 cuando se planteó el proyecto, debido al gran aumento de población en la parte este de la ciudad, donde el London Bridge se quedaba insuficiente para controlar el paso de personas y vehículos. No hay que perderse la **Tower Bridge Exhibition** donde se cuenta la historia de su construcción –más de 50 fueron los diseños que se presentaron hasta que en 1884 se seleccionó el presentado por Horace Jones y John Wolfe Barry–. Su edificación duró ocho años y en ella trabajaron 432 obreros. Durante la visita se muestran las salas victorianas con las máquinas de vapor originales que accionaban los brazos basculantes del puente. Dispone de una interesante zona dedicada a los niños.

▍ TOWER OF LONDON (▶25) ★★★

▍ TRAFALGAR SQUARE ★★★

Emblemática plaza con iconos como la **columna de Nelson** en su centro, de 57 m de altitud, y las cuatro estatuas en forma de leones que la guardan. Las palomas ocupan toda la plaza, confiriéndole su

▲ León y columna de Nelson en Trafalgar Square.

característico aspecto. Su nombre conmemora la Batalla de Trafalgar (1805). En 1820, John Nash redecoró el área, aunque el diseño actual es obra de Sir Charles Barry y data de 1845. Flanqueada por la South Africa House, Canada House y National Gallery, tiene en **St. Martin-in-the-Fields** (▶63) su parroquia.

I **VICTORIA AND ALBERT MUSEUM** (▶21) ★★★

I **WALLACE COLLECTION** ★★★
Este museo, inaugurado en 1900, se ubica en la mansión Hertford, y muestra las obras de arte de los siglos XVIII y XIX que adquirieron los cuatro primeros marqueses de Hertford y Sir Richard Wallace, el hijo ilegítimo del cuarto Marqués. Finalmente, la colección fue legada a la nación británica por la viuda de este último en 1897. Sus salas presentan colecciones de muebles, porcelana, armaduras, miniaturas, escultura francesa e italiana junto a pinturas de Ticiano, Canaletto, Rembrandt, Velázquez y Gainsborough. Con un espectacular restaurante acorde a la arquitectura del edificio, se puede comer y también tomar el té, exquisitamente presentado.

I **WESTMINSTER ABBEY** (▶28) ★★★

🕐 3 (D2)
✉ Hertford House, Manchester Square
🖥 www.wallacecollection.org
🕐 10-17 h
🚇 Bond Street y Baker Street
🚌 2, 10, 12, 13, 30, 74, 82, 94, 113, 137 y 274
✚ Hyde Park, Madame Tussauds, Sherlock Holmes Museum
♿ Buenos
🎫 Gratuita

- 🕐 10 (D2)
- ✉ Cathedral Clergy House, 42 Francis Street
- 🌐 westminstercathedral.org.uk
- 🕐 10-17 h
- Ⓜ Victoria
- 🚌 11, 24, 148, 507 y 211
- ♿ Buenos
- 🎟 Gratuita

- 🕐 11 (B1)
- ✉ Westminster
- Ⓜ Charing Cross, Embankment y Westminster
- ➕ Casas del Parlamento, abadía de Westminster
- 🚌 3, 11, 12, 24, 53, 87, 88, 159 y 453

► Calle de Whitehall.

- 🕐 f.p.
- ✉ Cambridge Heath Road
- 🌐 www.vam.ac.uk/young
- 🕐 10-17.45 h
- Ⓜ Bethnal Green
- 🚌 D6, 106, 254, 309 y 388
- 🚆 Cambridge Heath y Bethnal Green
- ♿ Excelentes
- 🎟 Gratuito

▎ WESTMINSTER CATHEDRAL ✳

De arquitectura única, mosaicos y decoraciones de mármol, la catedral comenzó a construirse en 1895 en estilo paleocristiano bizantino por el arquitecto victoriano John Francis Bentley. Las obras se dieron por concluidas en 1903. Destaca su estilizado campanario, de 83 m de altura, en estilo bizantino, con unas bellas vistas de Londres. Es el templo principal de la Iglesia Católica en Inglaterra y Gales.

▎ WHITEHALL ✳✳✳

Calle que baja del norte desde Parliament Square hasta el extremo sur de Trafalgar Square. Toma su nombre del palacio de Whitehall, destruido, casi en su totalidad, por el fuego en 1698. Su apariencia es el resultado de la remodelación en el siglo XIX. Del palacio original solo se conserva la **Banqueting House** (►37). Decorada con una estatua de Carlos I, a lo largo de su recorrido se sitúan algunos ministerios. En el centro de la vía se localiza el **Cenotafio,** principal monumento de guerra británico, donde se realizan las ceremonias del *Remembrance Sunday.* **Downing Street** conduce al extremo suroeste de Whitehall, por encima de Parliament Street. No se abre al público, y está protegida por unas enormes barreras de seguridad.

▎ YOUNG V&A ✳✳

Inaugurado por el Príncipe de Gales en 1872, en sus comienzos la temática del museo no estuvo muy clara y sus exposiciones mezclaban ámbitos como los alimentos y la nutrición con la joyería. Durante la I Guerra Mundial se cerró y tras su reapertura se reorientaron sus colecciones, debido a esto en 1925 se introdujeron los primeros objetos relacionados con la infancia, animados por el éxito que había obtenido una muestra en el Victoria and Albert Museum. En 1974 se inauguró oficialmente el museo, centrado exclusivamente en los niños. Pertenece y acoge las colecciones de ropa infantil de época, libros, artículos de enfermería, arte, mobiliario y juguetes del Victoria and Albert Museum.

▌EL PARQUE OLÍMPICO ★★

El COI eligió en 2005 a Londres como sede de los XXX Juegos Olímpicos de verano de 2012 con la participación de 10.500 atletas provenientes de 205 países, compitiendo en 26 deportes y 38 disciplinas. La decisión de situar el Parque Olímpico en Stratford, al este de la ciudad, supuso la total transformación de los que, hasta entonces, eran terrenos industriales e instalaciones ferroviarias en desuso. El centro neurálgico de los Juegos fue el **Parque Olímpico,** en Stratford. Aquí se halla la **Villa Olímpica,** que tras los Juegos se ha reconvertido en 4.000 apartamentos, la mitad de los cuales han sido destinados a viviendas sociales, mientras que el parque es uno de los más extensos de la ciudad y ostenta el nombre de **Queen Elizabeth II Park,** conmemorando así el 60º aniversario de la coronación de la reina. El acceso al parque es el gran centro comercial **Westfield Stratford City,** con sus más de 300 tiendas, grandes almacenes, supermercado, casino, cine y varios hoteles. Se encuentra situado junto a la estación intermodal de Stratford. Un llamativo edificio es el exquisito **centro acuático,** obra de la iraquí Zaha Hadid con un espectacular techo, que recuerda a una ola, flanqueado por dos torres laterales, con una capacidad para 17.500 espectadores. Cruzando uno de los tres brazos del río Lea que atraviesan el parque está el **Estadio Olímpico,** con capacidad para 80.000 espectadores. Entre estas dos instalaciones se levanta la **ArcelorMittal Orbit,** obra de Anish Kapoor y Cecil Belmont. Esta controvertida torre de acero, realizada en colores rojos y blancos, se eleva 115 m y cuenta con dos plataformas de observación que ofrecen vistas inigualables. El último gran edificio permanente es el velódromo, **Lee Valley VeloPark,** situado en el extremo norte, junto a la autopista A12 y construido con criterios de sostenibilidad.

▲ El Estadio olímpico y la torre de telecomunicaciones ArcelorMittal Orbit, han quedado como testimonio de las Olimpiadas de 2012 en el Parque Olímpico Reina Isabel, en Stratford.

A **un paso** del **Centro**

Alejándonos del centro de Londres existen maravillosos lugares donde perderse y recuperar la calma. Constituyen un escenario muy distinto a la vorágine de la City o Westminster. En el oeste se encuentran los parques más grandes de la ciudad, los jardines botánicos de Kew, bellas mansiones y casas de campo, reminiscencia de una época donde la aristocracia se hallaba en todo su esplendor. Al suroeste surge el magnífico conjunto de Greenwich con un espléndido conjunto de museos y el meridiano cero.

I Greenwich

Situado al sureste de Londres, es uno de los cinco concejos municipales que acogieron competiciones olímpicas en 2012. Su centro es **Maritime Greenwich,** declarado Patrimonio de la Humanidad por la UNESCO desde 1997. A Greenwich se puede llegar a través de la red de Metro, los trenes ligeros (DLR) o en barcos que parten del muelle de Westminster.

En su dique se encuentra el famoso **Cutty Sark tea clipper,** una embarcación a vela de 1869 que sirvió como buque mercante hasta que, en 1954, se convirtió en museo. El 21 de mayo de 2007 se incendió por causas accidentales. Fue restaurado y en 2012 abrió de nuevo al público.

En el St. Alfege Passage se levanta la **St. Alfege Church.** La iglesia data de la época sajona y el edificio actual, de 1714, se levantó donde fue martirizado St Alfege, arzobispo de Canterbury en 1012. El **Greenwich Market** se encuentra en la calle homónima. A este mercado cubierto se le concedió Licencia Real en 1700. En los jardines de Cutty Sark se encuentra el **Old Royal Naval College,** diseñado por Sir Christopher Wren.

En los alrededores, en High Bridge, aparece el **Trinity Hospital,** un hospicio fundado por el conde de Northampton que data de 1614, y que se constituye como el edificio más antiguo del centro de Greenwich. Reconstruido en 1812 en estilo gótico, sigue en uso. Caminando hacia **Greenwich Park,** nos encontramos con la **Queen's House,** diseñada por Iñigo Jones, y el **National Maritime Museum.**

▲ Reloj del meridiano de Greenwich.

◀ Hampton Court Palace, Surrey.

▼ National Maritime Museum.

▲ Observatorio Real, Greenwich.

• • • • • • • • • •

- ⌂ Court Yard, Eltham, Greenwich
- 🖰 www.english-heritage.org. uk/visit/places/eltham-palace-and-gardens
- 🕓 Los días y horarios de apertura varían. Consultar web.
- 🚇 Eltham y Mottingham
- ♿ Buenos

• • • • • • • • • •

- ✉ 12 Crooms Hill
- 🖰 thefanmuseum.org.uk
- 🕓 M-S: 11-17 h
- 🚇 Cutty Sark Maritime Greenwich
- ♿ Buenos

• • • • • • • • • •

- ✉ Cutty Sark Gardens, King William Walk, Greenwich
- 📞 www.ornc.org
- 🕓 Centro de visitantes: 10-17 h
- 🚌 129, 177, 180 ,188, 199, 286, 386

• • • • • • • • • •

Galerías Marítimas / Casa de la Reina
- ✉ Greenwich, Romney Road
- ♿ Buenos 🎟 Gratuita

Observatorio Real
- ✉ Blackheath Avenue
- ♿ Regulares

Cutty Sark
- ✉ King William Walk
- ♿ Buenos

Royal Museums Greenwich
- 🕓 10-17 h (Cutty Sark, hasta 18 h en jul y ago).
- 🖰 www.rmg.co.uk
- 🚇 Cutty Sark Maritime Greenwich

Dentro del parque aparece el **Royal Observatory,** lugar por donde, desde 1884, pasa el meridiano origen o meridiano cero, una semicircunferencia imaginaria que une los polos, pasando por Greenwich. También la **Ranger's House,** una hermosa villa paladina, en el Chesterfield Walk, que acoge la **Wernher Collection:** cerca de 700 obras de arte medievales y renacentistas de la colección de Julius Wernher. En Crooms Hill se halla el **Greenwich Theatre** y el **Fan Museum,** el museo de los abanicos.

❙ ELTHAM PALACE ✱
Construida en 1936 por encargo de los magnates del textil Stephen y Virginia Courtauld, la mansión combina el *art déco* y el estilo transatlántico. Edificada junto a los restos de un palacio medieval, fue la residencia de Enrique VIII en su niñez. Consta de 8 ha con un bello jardín de rosas y un puente medieval que combinan el *art déco* y el estilo medieval.

❙ FAN MUSEUM ✱
Fundado en 1991 contiene más de 3.500 abanicos desde el siglo XI a la actualidad. Situado en dos edificios que datan de 1721, es el primer y único museo dedicado por entero a los abanicos. Cuenta con un jardín de estilo japonés y un invernadero con naranjos.

❙ OLD ROYAL NAVAL COLLEGE ✱✱
Se trata de uno de los conjuntos barrocos más extensos de Reino Unido, diseñado por Sir Christopher Wren en 1695. Residencia de pensionistas navales, se convirtió en la Royal Naval College en 1873. The Painted Hall, decorado por Sir James Thornhill, el Naval Hall y la capilla son sus estancias más bellas.

❙ ROYAL MUSEUMS GREENWICH ✱✱
Inaugurado en 1937, conta de cuatro espacios: las **Galerías Marítimas,** el **Observatorio Real,** la **casa de la Reina** y el **Cutty Sark**. Las galerías marítimas (**National Maritime Museum**) muestran la importancia del mar, los barcos, las mareas o las estrellas en una colección de arte, cartografía, manuscritos, grabaciones oficiales, modelos de barcos y planos, instrumentos científicos y de navegación. La casa de la Reina, diseñada por Iñigo Jones, exhibe retratos navales comprendidos entre los siglos XVII y el XX. En el observatorio se encuentra el **meridiano cero,** junto a un amplio número de instrumentos astronómicos y de medición del tiempo. El Cutty Sark fue uno de los últimos veleros tipo *clipper* en ser construido -en 1869- destinado al comercio de té.

┃ Middlesex

En 1965 desapareció como condado administrativo y su territorio pasó a formar parte de varios concejos municipales del recién creado Gran Londres. Sin embargo, a pesar de su reubicación, su nombre se mantiene en algunos organismos y entidades como una universidad o un equipo de fútbol y también aparece en los códigos postales.

▲ Casas típicas en Middlesex.

┃ OSTERLEY PARK & HOUSE ✶✶

Construida en 1575, fue reformada por Robert Adam convirtiéndola en una elegante villa neoclásica del siglo XVIII. Su interior contiene algunas de las mejores obras de Adam, alfombras y muebles distribuidos a lo largo de la Long Gallery, la Tapestry Room y el Entrance Hall o las Jersey Galleries, habitaciones del servicio, donde se realizan exposiciones temporales. Ocupa 144 ha de terreno con parques, lagos ornamentales y una extensa variedad de robles. En la galería del jardín se ubica una residencia para artistas.

✉ Jersey Road. Isleworth
🌐 www.nationaltrust.org.uk/visit/london/osterley-park-and-house
🕐 Los días de apertura varían según la época del año. Consultad web
🚇 Osterley
♿ Malos

┃ SYON HOUSE & GARDENS ✶

Residencia londinense del duque de Northumberland, este antiguo monasterio fue remodelado en estilo tudor por Robert Adam en el siglo XVIII. Se muestran los apartamentos privados y la cama utilizada por la reina Victoria cuando era princesa.

✉ Brentford, Middlesex
🌐 www.syonpark.co.uk
🕐 Casa (X, J y D) y Jardines (X-D) 10.30-16.30 h en temporada alta.
🚇 Osterley
♿ Regulares

┃ Richmond Upon Thames

A 18 km al suroeste de la City, es uno de los concejos creados en 1965. El río Támesis atraviesa su centro a lo largo de un recorrido de 34 km, que une el Hampton Court Palace con Richmond, y los Kew Gardens con el centro de Londres. Ofrece atractivos naturales e históricos que atrajeron a la realeza, a la aristocracia y siguen atrayendo a los visitantes: mansiones, teatros, museos y galerías de arte junto a una amplia oferta comercial y de restauración. Además, es la zona de la ciudad con la más espacios verdes: un centenar, entre ellos, los dos parques reales más extensos: **Richmond Park** y **Bushy Park** (▶61).

┃ HAM HOUSE & GARDEN ✶

Construida en 1610 para Sir Thomas Vavasour, fue reformada entre los años 1673-1675 por William Samwell para convertirse en residencia de los duques

🌐 www.nationaltrust.org.uk/visit/london/ham-house-and-garden
🕐 Consultad web
🚇 Richmond
🚌 371, 65
♿ Malos

▲ Invernadero en el Royal Botanic Gardens Kew.

▲ Kew Palace.

de Lauderdale. Uno de los mejores ejemplos de estilo estuardo del siglo XVII, fue el centro de la vida cortesana durante la Restauración. Su jardín es uno de los pocos ejemplos que se conservan del estilo formal del movimiento paisajista inglés.

❙ KEW PALACE & THE ROYAL BOTANIC GARDENS KEW ★★★

Edificado en 1631 para un comerciante holandés, Samuel Fortrey, se convirtió en residencia real en 1729 con Jorge II. Con la subida al trono de Jorge III, Joseph Banks remodeló el palacio y replantó los jardines. En 1841 estos se cedieron al Estado y en 1844 se construyó el primer invernadero. En abril de 2006, el palacio se reabrió al público, tras diez años de reformas.

En su interior destacan numerosos objetos y detalles como la casa de muñecas realizada para los hijos de Jorge III, la casaca de Jorge III, el gabinete Jigsaw, el busto de Jorge III realizado por Madame Tussauds, la biblioteca, las habitaciones de las princesas y la silla de la reina Charlotte donde pasó sus últimos días. Sus espléndidos jardines, patrimonio de la Humanidad por la Unesco, **el Royal Botanic Gardens Kew** muestran una gran diversidad de especies desde plantas tropicales a desérticas. Es recomendable una visita al **cottage de la reina Charlotte,** cerca del palacio. Ver (▶61).

❙ RED HOUSE ★

Encargada en 1859 por el artista, artesano y socialista William Morris al arquitecto Philip Webb, es un importante referente en la historia de la arquitectura doméstica y en el diseño de jardines. Conserva muebles diseñados por Morris y Webb, murales y vidrieras de Burne-Jones.

HAMPTON COURT PALACE ★★★

En 1236 la orden de los Caballeros Hospitalarios de San Juan de Jerusalén adquirió la casa solariega de Hampton. En 1514, pasó a manos de Thomas Wolsey, primer ministro de Enrique VIII, quien la reformó y transformó en palacio. Cuando Wolsey, perdió el favor del rey, este se hizo con el palacio que engrandeció aún más, construyendo entre otras estancias el Gran Vestíbulo. Durante el reinado de Guillermo III y María II, Christopher Wren reconstruyó los apartamentos reales en la parte sur y este, aunque sus intenciones iniciales eran construir un palacio barroco, proyecto que no se llevó a cabo en su totalidad por la falta de fondos. La obra finalizó en 1700.

Lo cierto es que Hampton Court alberga en su seno la historia de dos palacios: uno tudor, creado por Wolsey y embellecido por Enrique VIII y otro barroco realizado por Guillermo III y María II.

A mediados del siglo XVIII, la familia real dejó de frecuentar el lugar, por lo que se abrió un debate sobre su utilidad. Al final se dividió en un complejo de apartamentos. Este sistema duró dos siglos y entre los inquilinos se encontró el científico Michael Faraday. En 1986 se incendiaron los apartamentos del Rey, lo que condujo a una renovación del palacio que duró hasta 1995. En el conjunto destaca la Capilla Real y el Gran Vestíbulo, uno de los salones medievales más impresionantes de Gran Bretaña y también uno de sus teatros más antiguos. La compañía de Shakespeare actuó en él entre 1603-1604. Se ubica en los apartamentos de Estado de Enrique VIII.

Muy recomendable es la visita a sus jardines, sobre todo el **laberinto,** situado en el jardín de Wilderness.

▲ Palacio de Hampton Court y sus jardines.

● ● ● ● ● ● ● ●

✉ East Molesey. Surrey
🔗 www.hrp.org.uk/HamptonCourtPalace/
🕐 Variables. Consultad web.
🚌 111, 216, 411, 461, 513 y R68
🚆 Hampton Court
♿ Buenos

Excursiones
desde **Londres**

En las proximidades de Londres se localizan algunos lugares que es recomendable visitar. Uno de ellos es Windsor,
con su famoso castillo; Cambrigde y Oxford, ciudades uni-
versitarias por excelencia; Bath y el conjunto prehistórico
de Stonehenge, en las cercanías de Salisbury, ambos declarados Patrimonio de la Humanidad por la Unesco. Canterbury, residencia del líder espiritual de los anglicanos, el
arzobispo de Canterbury o Highclere Castle, el castillo de
la serie Downton Abbey. Desde Londres se puede llegar en
transporte público a cualquiera, aunque existen empresas
que realizan viajes organizados a uno o varios destinos.

Bath

Declarada Patrimonio de la Humanidad por la Unesco desde 1987, esta deslumbrante ciudad se encuentra a 159 km de Londres, en medio de la campiña de Somerset. Fundada en el valle del río Avon, posee los únicos manantiales naturales de agua caliente de Reino Unido, y por ello los romanos construyeron baños termales y un templo que llamaron *Aquae Sulis*. Las termas romanas forman parte del complejo monumental romano más importante de todo Reino Unido. En la época georgiana se hizo popular gracias a su balneario, lo que expandió la ciudad, dejándole una bella herencia de arquitectura georgiana. Cuenta con grandes tesoros arquitectónicos e históricos, como las **Roman Baths Pump Room,** con un templo, baños y un museo con esculturas, monedas y otros objetos. La Pump Room se convirtió en el centro social del lugar en el siglo XVIII. Por las tardes suele haber música clásica en directo.

La **Bath Abbey**, de 1499, la última de las grandes iglesias medievales de Inglaterra, fue reconstruida por George Gilbert Scott en 1864, y en ella destacan sus grandes ventanales. Se puede ascender a su torre a través de 212 escalones, para ver sus campanas. El impresionante **Royal Crescent**, construido entre 1767 y 1775 por John Wood, está formado por 30 casas. Una de ellas, la número 1, de estilo paladiano, fue la primera edificada, ha sido restaurada y conserva su mobiliario original. Es también recomendable acercarse hasta las **Assembly Rooms** del siglo XVIII, sede del **Fashion Museum,** que expone una amplia colección de moda que abarca desde el siglo XVI. Su habitante más célebre fue la escritora Jane Austen.

Los amantes del arte disfrutarán con el **Holburne Museum,** que acoge la importante colección de pinturas, porcelana, cristalería, muebles, retratos en miniatura y bronces italianos de William Holburne. Tras una importante modernización acoge importantes exposiciones de fotografía. A las afueras se sitúa el **American Museum in Britain,** que narra la historia de Estados Unidos desde la época colonial hasta la Guerra de Secesión. Está considerada la mejor colección sobre este país expuesta en el extranjero. Los visitantes pueden relajarse en las instalaciones termales **Thermae Bath Spa,** caminar por la bella calle **Great Pulteney** y por el puente del mismo nombre o disfrutar de la naturaleza en el hermoso e íntimo **Prior Park Landscape Garden,** creado por Ralph Allen, desde donde se divisan magníficas vistas.

Bath Tourist Information Centre:
✉ Abbey Chambers, Abbey Churchyard
☎ +44 844 847 5257
🌐 es.visitbath.co.uk

◀ Puerta de madera de St Botolph's Church, enCambridge.

▼ Bath Abbey.

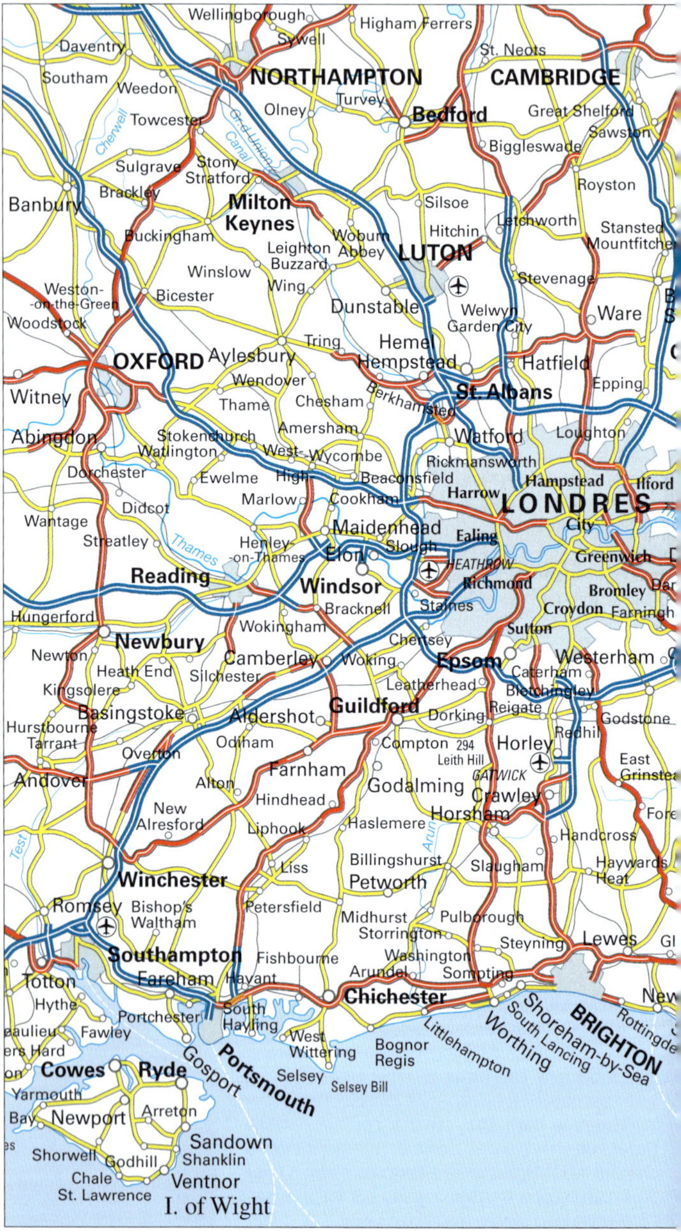

This is a map of the region around London (Londres), England.

Wellingborough
Sywell
Higham Ferrers
St. Neots
Daventry
Southam
Weedon
NORTHAMPTON
CAMBRIDGE
Olney
Turvey
Bedford
Great Shelford
Sawston
Towcester
Biggleswade
Royston
Sulgrave
Stony Stratford
Silsoe
Letchworth
Stansted Mountfitchet
Brackley
Milton Keynes
Hitchin
Banbury
Buckingham
Leighton Buzzard
Wobum Abbey
LUTON
Stevenage
Weston-on-the-Green
Winslow
Wing
Welwyn Garden City
Ware
Woodstock
Bicester
Dunstable
Witney
OXFORD
Aylesbury
Tring
Hemel Hempstead
Hatfield
Epping
Wendover
Thame
Chesham
Berkhamsted
St Albans
Watford
Loughton
Abingdon
Stokenchurch
Amersham
Rickmansworth
Hampstead
Ilford
Watlington
West Wycombe
Beaconsfield
Harrow
LONDRES
Dorchester
Ewelme
High
Cookham
City
Wantage
Didcot
Marlow
Maidenhead
Ealing
Greenwich
Streatley
Henley-on-Thames
Eton
Slough
HEATHROW
Reading
Windsor
Richmond
Bromley
Hungerford
Bracknell
Staines
Croydon
Farningh
Newton
Wokingham
Chertsey
Sutton
Westerham
Heath End
Camberley
Woking
Epsom
Caterham
Newbury
Silchester
Leatherhead
Bletchingley
Kingsclere
Basingstoke
Aldershot
Guildford
Dorking
Reigate
Godstone
Hurstbourne Tarrant
Odiham
Compton
294
Redhill
Overton
Leith Hill
Horley
East Grinstea
Andover
Alton
Farnham
Godalming
GATWICK
Hindhead
Crawley
New Alresford
Liphook
Haslemere
Horsham
Handcross
Winchester
Liss
Billingshurst
Slaugham
Haywards Heath
Romsey
Bishop's Waltham
Petersfield
Midhurst
Pulborough
Lewes
Storrington
Steyning
Southampton
Fishbourne
Washington
Sompting
Fareham
Havant
Arundel
Gl
Totton
South Hayling
Chichester
Worthing
BRIGHTON
Hythe
Portchester
West Wittering
Bognor Regis
Littlehampton
South Lancing
Shoreham-by-Sea
New
Fawley
Portsmouth
Selsey
Selsey Bill
Cowes
Ryde
Gosport
Cowes
Yarmouth
Bay
Newport
Arreton
Sandown
Shorwell
Godshill
Shanklin
Chale
St. Lawrence
Ventnor
I. of Wight

▶ St Botolph's Church en Trumpington Street, Cambridge.

▌Cambridge

Centro administrativo del condado de Cambridgeshire, se emplaza a 80 km de Londres. Célebre ciudad universitaria, rodeada de pequeños pueblos y villas, con calles serpenteantes, una espléndida arquitectura y un bullicioso comercio en Market Square. El **Fitzwilliam Museum,** el mejor de la ciudad, muestra pinturas, dibujos, grabados, esculturas, elegantes muebles, medallas, monedas, manuscritos y libros. Se halla instalado en un edificio de mediados del siglo XIX, y debe su fundación al legado del séptimo vizconde Fitzwilliam de Merrion. En la ciudad destacan sus colleges; el más antiguo es **Peterhouse,** fundado en 1284 por el obispo de Ely, Hugh de Balsham; el más bello es el **King's College,** edificado por mandato de Enrique IV en 1441. Es notable la capilla, con magníficas vidrieras, un órgano donado por Enrique VIII y una pintura de Rubens.

Entre los hermosos puentes que atraviesan el río Cam destacan el **Mathematical Bridge,** de 1749, que divide en dos partes el **Queen's College,** o el **Bridge of Sighs,** de 1831, que pertenece al **St. John's College.** A escasos kilómetros están los **Anglesey Abbey Gardens and Lode Mill,** una casa de estilo jacobino, construida en el siglo XII y con una de las mayores colecciones de relojes de la nación. Sus jardines y espacios verdes ocupan 40 ha, surcadas por más de un centenar de esculturas. A las afueras se ubica el **Cambridge American Cemetery,** que alberga los restos de los combatientes americanos muertos en la II Guerra Mundial.

The Cambridge Visitor Information Centre:
🛈 www.visitcambridge.org

❘ Canterbury

Residencia del arzobispo de Canterbury, líder espiritual de la Iglesia Anglicana, se localiza a 90 km de Londres en el condado de Kent. Considerada un importante centro de peregrinación durante la Edad Media, también es conocida por la famosa obra de Geoffrey Chaucer, *Los cuentos de Canterbury*. Desde 1988, el conjunto constituido por la catedral, la abadía de St. Augustine y la iglesia de St. Martin forma parte del Patrimonio de la Humanidad de la Unesco.

La historia de la **catedral** se remonta al año 597 cuando San Agustín se estableció en Canterbury. Posee unas impresionantes vidrieras que cuentan los milagros de San Tomás, una cripta del siglo XI, un coro del siglo XII y una nave románica del siglo XIV, uno de los mejores ejemplos del gótico perpendicular inglés, diseñada por Henry Yevele.

En 1170, el arzobispo Thomas Becket fue asesinado en la Catedral y su cuerpo descansó en la Trinity Chapel desde 1220 hasta 1538 cuando fue destruida durante la reforma de Enrique VIII. Un moderno monumento –dos espadas desiguales y una espada rota en un altar de piedra desnudo– recuerda el lugar donde fue martirizado. Basándose en este suceso, T.S. Eliot escribió *Asesinato en la catedral,* que se adaptó al cine con el nombre de *Becket* y fue protagonizada por Richard Burton.

La **abadía de St. Augustine,** en ruinas, fue fundada en el 598. Sus restos datan de varios periodos históricos y entre ellos, se encuentran también los de la **iglesia de St. Pancras** y una iglesia normanda.

Canterbury's Visitor Information Centre:
- 🖼 The Beaney House of Art & Knowledge, 18 High Street
- 🌐 www.canterbury.co.uk

▼ Ruinas de la abadía de St. Agustine, Canterbury.

La **iglesia de St. Martin** es la parroquia más antigua de Inglaterra donde se celebra culto. Fue la primera residencia de San Agustín cuando llegó a la ciudad. En Canterbury, se localizan las ruinas de un **castillo** normando del siglo XI, uno de los tres castillos del condado de Kent. Con la experiencia audiovisual de *The Canterbury Tales* se regresa a la Edad Media, ya que narra una jornada de viaje de los peregrinos desde Londres hasta la catedral. Se ubica en el interior de la **iglesia de St. Margaret**.

Oxford

Oxford Visitor Information Centre
✉ 15-16 Broad Street
⌂ experienceoxfordshire.org

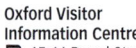

Bella ciudad del condado de Oxfordshire, atravesada por los ríos Cherwell y Támesis, a 80 km de Londres. Es sede de la Universidad más antigua del mundo anglosajón. Sus edificios reflejan cada periodo arquitectónico inglés desde la llegada de los sajones y su fundación en el siglo VIII. En el conjunto destacan sus torres, cúpulas, la belleza de su casco histórico y sus preciosos jardines. Es recomendable realizar alguno de los tours guiados que se ofertan, además se puede disfrutar de la ciudad navegando por los ríos Cherwell e Isis.

Entre sus museos destaca el **Ashmolean Museum,** de 1683, el más antiguo de Reino Unido. Entre sus colecciones de arte y antigüedades destacan piezas como The Alfred Jewel, dibujos de Miguel Ángel, Rafael y Leonardo da Vinci, lienzos de Turner y Picasso y un *Messiah Stradivarius,* un violín creado por Antonio Stradivari. También se pueden visitar el **Modern Art Oxford,** fundado en 1965, con exposiciones del mejor arte contemporáneo; el **Museum of Oxford,** el único dedicado a la ciudad, y que cuenta su historia desde la Prehistoria a la actualidad, y el **Pitt-Rivers Museum,** fundado en 1884 y dedicado a la antropología y a la arqueología.

Entre sus bellos edificios de piedra sobresale la **Carfax Tower,** torre de la iglesia de St. Martin del siglo XIV, demolida en 1896. Ascendiendo sus 99 escalones, se obtiene una de las mejores vistas. La **Bodleian Library** está considerada una obra maestra del gótico inglés. Es una de las bibliotecas más antiguas del mundo y la segunda más grande del Reino Unido. En su estructura destaca la **Tower of the Five Orders,** que recibe este nombre porque está ornamentada con columnas de cada uno de los cinco órdenes de la arquitectura clásica: dórico, toscano, jónico, corintio y compuesto. También destacan el **Sheldonian Theatre,** obra de Sir Christopher Wren,

▼ Escudo de armas y edificio de la Biblioteca Bodleian en Oxford.

▲ Comedor del Christ Church College, en Oxford.

y la **Radcliffe Camera,** un impresionante edificio circular diseñado por James Gibbs que cuenta con dos salas de lectura. Bajo el césped que la rodea, hacia el norte, se halla un depósito de libros subterráneo de 1912, que une la Camera con la Old Library.

Una de las más facultades más grandes es el **Christ Church College**. Construido en 1525, también comprende una catedral con un estupendo coro e interesantes colecciones de libros y arte. Aquí se han formado 13 primeros ministros y escritores como Lewis Carroll, autor de *Alicia en el país de las maravillas.* Los fans de Harry Potter reconocerán el **Great Hall** como el gran salón de Hogwarts.

Entre los más antiguos y prestigiosos *colleges* se encuentran el **Balliol College,** fundado en 1263 por John de Balliol, y el **Merton** que data de 1624. Enfrente de la Bodleian Library se halla la entrada principal del **Hertford College,** fundado como Hart Hall en 1282 por Elias de Hertford. En él estudiaron personajes como el filósofo Thomas Hobbes, que escribió aquí el *Leviatán,* y el escritor Jonathan Swift, célebre por su obra *Los viajes de Gulliver.* Dos de sus edificios están unidos por el **Bridge of Sighs** (Puente de los Suspiros), construido en 1913, muy distinto al de Venecia, ya que por debajo de él trascurre una calle. En el St John's College se formó Tony Blair, mientras que Margaret Tatcher lo hizo en el Somerville College.

La universidad también conserva un magnífico jardín botánico, **Oxford University Botanic Garden.** Es el más antiguo del Reino Unido y contiene más de 7.000 especies de plantas distintas repartidas en tres zonas en base a sus requisitos climatológicos.

Stonehenge

✉ Off A344 Road, Amesbury

🌐 www.english-heritage.org.
uk/visit/places/stonehenge

🕐 Consultar horario en la web.
Descuento en la compra
online.

▌Stonehenge y Salisbury

Stonehenge, el más famoso de los monumentos megalíticos del mundo, se halla situado en el sur de la Inglaterra rural en Wiltshire, a 136 km de Londres. En sus cercanías, a 16 km, está la ciudad de Salisbury. Patrimonio de la Humanidad desde 1986, Stonehenge posee una importancia extraordinaria como monumento prehistórico y ha acaparado desde hace siglos la atención y admiración de los visitantes. El misterioso conjunto megalítico se levanta sobre una planicie, y está constituido por grandes bloques rectangulares de piedra (menhires) ordenados en círculo (crómlech) y formando dinteles. La construcción interior, en forma de herradura, es un conjunto de cinco trilitos. Cada uno de ellos consiste en dos menhires de unas 45 toneladas de peso, coronados por un enorme bloque que forma el dintel. A su alrededor se encuentran restos de estructuras ceremoniales y domésticas.

Núcleo de un antiguo centro administrativo, cultural y social, data del 3000 a.C. Su orientación al sol se considera una incógnita, no se sabe con certeza si sus constructores pertenecían a una religión que adoraba a este astro y celebraban los solsticios de verano e invierno, o bien crearon un gigantesco calendario astronómico. Más tarde se añadió un camino de 3 km hacia el río Avon para marcar la línea de salida del sol en el solsticio de verano y se transportaron 80 piedras azules desde el sur de Gales que le dan su aspecto actual.

► Conjunto megalítico de Stonehenge.

Salisbury es una ciudad tranquila situada entre verdes prados y enmarcada por colinas. Combina el encanto de una ciudad medieval con el ritmo de la vida moderna. Destaca su **catedral,** construida entre 1220 y 1258, y que posee la aguja más alta de Reino Unido con 120 m de longitud. En su interior expone la *Carta Magna* y el mecanismo de reloj más antiguo de Europa, que data de 1386. Desde la torre se divisan unas estupendas vistas. En el exterior del templo destacan sus ventanas y frisos ornamentales. Dentro del recinto de la catedral se ubica el **Salisbury and South Wiltshire Museum,** con colecciones relacionadas con la historia de Salisbury y la arqueología del sur Wiltshire. Exhibe cerámica, trajes, encajes de Downton y acuarelas de Turner.

El **Rifles Museum** en "The Wardrobe", un edificio del siglo XIII, contiene archivos y objetos pertenecientes a los regimientos de los condados de Berkshire y Wiltshire. La **Mompesson House,** de 1701, posee una importante colección de copas del siglo XVIII y bellos muebles. A unos 3 km se localiza el imponente **fuerte de Old Sarum,** que data de la Edad de Hierro. Asentamiento de romanos, sajones y normandos, se pueden ver restos del núcleo medieval. A unos 6,5 km está la **Wilton House,** rodeada de parajes naturales, con jardín de rosas y un puente, destacan sus magníficos salones de estado diseñados por Iñigo Jones y los retratos realizados por Van Dick. La **Stourhead House,** a 40 km, es el marco ideal para pasar un día especial disfrutando de bellos jardines. Cuenta con una estupenda biblioteca y una interesante colección de arte.

Salisbury Information Centre
Fish Row. Salisbury, SP1 1EJ
www.visitwiltshire.co.uk

▌Windsor

▲ Diferentes vista del Windsor Castle.

Esta pequeña ciudad del condado de Berkshire, a 34 km de Londres, alberga una de las residencias oficiales de la familia real británica, el castillo de Windsor, unido a Eton mediante el puente de Windsor, ahora peatonal. Fue Guillermo, el Conquistador el que eligió este paraje para construirlo. Su estructura externa se mantiene idéntica a la original, construida en la década de 1070. Enrique II lo reconstruyó un siglo después, y para ello utilizó piedra en lugar de madera. Eduardo III, nacido en Windsor, lo amplió y creó el **St. George's Hall** en el siglo XIV. En el siglo XV se edificó la St. George's Chapel, bajo los reinados de Eduardo IV y Enrique VIII. Ya en el siglo XVII se convirtió en cuartel general de las fuerzas parlamentarias de Cromwell, y sirvió de prisión. Jorge IV lo reformó en el siglo XIX, añadiendo la **Waterloo Chamber,** que conmemora la derrota de Napoleón en Waterloo mediante una serie de retratos.

La reina Victoria y el príncipe Alberto abrieron los State Apartments a los visitantes. Se incendió en 1992 y las obras de restauración duraron cinco años. El 20 de noviembre de 1997, Isabel II celebró sus bodas de oro en el castillo y en 2021 aquí falleció su esposo, Felipe, duque de Edimburgo. Entre sus estancias destacan los **State Apartments,** creados durante la Restauración por Carlos II, y que exhiben pinturas de Rembrandt, Rubens, Canaletto, Gainsborough y el famoso retrato triple de Carlos I realizado por Van Dyck; las **semi-state rooms** (las estancias privadas de Jorge IV); la **St. George's Chapel,** gótica, que acoge tumbas de varios reyes, y una de las más célebres casas de muñecas del mundo, la **Queen Mary's Dolls' House,** con todos los detalles y en perfecto funcionamiento.

Por último, puede verse el **Savill Garden,** un espectacular bosque y jardín ornamental que abarca 14 ha, y el **Eton College,** fundado en 1440 por Enrique VI para impartir educación a chicos sin recursos. Hoy es un exclusivo colegio masculino donde han estudiado antiguos primeros ministros, el duque de Wellington y el actual príncipe de Gales.

▶ Highclere Castle, donde se rodó la serie británica *Downton Abbey.*

▌Highclere Castle

Este castillo es conocido en todo el mundo gracias a la serie británica *Downton Abbey*. Está a unos 10 km de Newbury, municipio a 110 km al oeste de Londres. En el recorrido por el castillo destaca su gran entrada; sus magníficas escaleras; la espléndida mesa del conde Grantham, el patriarca de la familia protagonista; su maravillosa biblioteca; las habitaciones de las hijas; las escaleras que llevan a las aposentos del servicio y, por supuesto, la magnífica sala de estar. Desde 1679 es propiedad de los Carnarvon y en sus 405 ha de terreno sobresalen sus jardines y un templo dedicado a la diosa Diana. Dispone en su sótano de una exposición dedicada al antiguo Egipto, ya que el quinto conde Carnarvon, descubrió en 1922 junto a Howard Carter la tumba del faraón Tutankamon.

Highclere Castle

✉ Highclere Park
Newbury RG20 9RN

🌐 www.highclerecastle.co.uk

🕐 Abierto en verano, en algunas fechas seleccionadas de primavera e invierno. Consultad web.

♿ Regulares

ℹ Se puede tomar un tren desde Paddington hasta Newbury y desde allí un taxi hasta el castillo. Una opción más cómoda es alquilar un coche o realizar un tour temático que salga desde Londres como http://britmovietours.com/bookings/downton-abbey-tour

GASTRONOMÍA

Blanco de chistes culinarios durante mucho tiempo, la cocina británica y sus restaurantes han mejorado en los últimos años, convirtiendo a Londres en una de las mejores ciudades del mundo para comer. El único hándicap es que puede ser bastante caro, pero los menús del día pueden atenuar este inconveniente.

▌ Tomar un té

Los hoteles de lujo como el **Claridge's** (www.claridges.co.uk), el **Ritz** (www.theritzlondon.com) o el **Dorchester** (www.thedorchester.com) constituyen un marco excepcional para disfrutar del tradicional té inglés y darse un capricho. Vestidos para la ocasión, no se debe dejar de acompañarlo con unos sabrosos pasteles. Otra opción de lujo es **Fortnum& Mason** (www.fortnumandmason.com) y es más económica la del **Wallace Museum** (wallacecollection.org).

▌ Veganos y vegetarianos

Encontrar opciones vegetarianas en Londres es de lo más normal y las alternativas veganas son cada vez más frecuentes. Londres ha sido nombrada en varias ocasiones la **ciudad más vegan-friendly del mundo** por *Happy Cow*.

▌ El desayuno (breakfast)

La jornada gastronómica comienza con el típico desayuno inglés, compuesto de cereales, tostadas, té o café, huevos fritos, alubias y bacon. Las pausas para comer son bastante más cortas que en España; por ello, tras haber hecho un desayuno fuerte, la mayoría de los británicos, y en concreto los londinenses, hacen una comida ligera compuesta de sándwiches y ensaladas.

▌ Platos típicos

Provienen de la cocina tradicional británica y se degustan en los pubs. Entre ellos, el *shepherd's pie* (pastel con cebolla, verduras, carne picada y cubierto de puré de patatas), el *steak and kidney pie* (pastel elaborado con distintos tipos de carne de vaca y riñones). En cuanto a los postres, destacan el *apple pie* (pastel de manzana), el *summer pudding* (bayas con nata) y las *custards* (natillas).

En la gastronomía inglesa se abusa de la carne como ingrediente principal; sin embargo, suele ir acompañada de guarniciones vegetales. Una de las verduras más utilizadas es el brécol.

En las *pie and mash*, tiendas tradicionales del sur y este de Londres, se venden los *pie and mash* (carne picada de ternera con puré de patata). Al puré de patata se le puede añadir *parsley sauce* (salsa de perejil). En estos locales, que datan del siglo XVIII, también se puede comprar *gravy* (asado de carne).

Por supuesto, el plato londinense por excelencia es el *fish and chips* (pescado y patatas fritas), con un gran éxito entre los visitantes y londinenses. Es barato, fácil de llevar y de rápido consumo. Sin embargo, el ajetreo de la ciudad cesa durante unos minutos para disfrutar del té de las cinco, una tradición que se mantiene a lo largo del tiempo, a pesar de que el café y el chocolate le han ganado un poco de terreno. Es uno de los rituales de obligado cumplimiento. Se acompaña de un apetecible surtido de dulces, porque la repostería ocupa un importante lugar en la ciudad con los *pancakes,* los pasteles de frutas o la tarta *Bakewell*.

Por la noche, lo habitual es tomar una comida caliente y acudir a los pubs a disfrutar de la gran variedad de cervezas y whisky con que cuentan los londinenses. Sin embargo, para tomar vino, es aconsejable acudir a los *wine bars*.

I Los restaurantes

La diversidad se refleja también en su gastronomía. Londres se ha visto influenciada por sus habitantes y por las distintas nacionalidades de estos. Han trasladado sus costumbres y sus usos a sus variopintas tradiciones culinarias. Abundan los restaurantes indios, chinos, tailandeses e italianos, principalmente. También los que sirven cocina mediterránea. Además, la globalización ha traído consigo la generalización de las grandes cadenas de *fast food* y de los cafés, que permiten comer en escasos minutos.

I Precios

La opción más económica se encontrará en los establecimientos de comida rápida y los cafés.

En cuanto a los restaurantes, incluso los más elegantes suelen ofrecer fórmulas especiales a mediodía, que permiten elegir entre dos o tres platos de un menú a precios más asequibles que si se eligieran a la carta. Muchos de ellos ofrecen también menús para niños. Algunos mantienen estas ofertas para la cena, aunque esta práctica no está tan extendida.

I El picnic

Un día soleado y cálido invita a organizar una buena comida al aire libre. La ciudad pone el escenario; sus magníficos jardines y parques, y el visitante, el menú. Una alternativa para conseguir los mejores productos frescos y de temporada son los mercados de productores locales.

I Panaderías y pastelerías

Pan recién hecho, bagels, pastas, cruasanes, tartas… son deliciosos manjares londinenses. **Konditor & Cook** (www.konditorandcook.com) está especializada en pasteles. En Brick Lane se pueden encontrar los mejores bagels de la ciudad. En el número 159 está **Beigels bakery** (bricklanebeigel.co.uk/london/beigel-bake).

Dónde...

Restaurantes

Centro de Londres

Quilon (C)
Gastronomía del suroeste indio. Galardonado con una estrella Michelin, ofrece una amplia selección de platos vegetarianos.
- ✉ 41 Buckingham Gate, Londres, SW1E 6AF
- ☎ 020 7821 1899
- 🖱 www.quilon.co.uk
- Ⓜ St. James's Park

Mien Tay (E)
Este salón de comidas de estilo asiático ofrece los mejores sabores de la gastronomía vietnamita.
- ✉ 106-108 Kingsland Rd, E2
- ☎ 020 7739 3841
- 🖱 www.mientay.co/uk
- Ⓜ Oxton y Old Street

Browns Bar & Brasserie Covent Garden (M)
Mezcla platos clásicos y modernos. Muy recomendable el pastel de Guinness y setas.
- ✉ 82-84 St Martins Lane, Covent Garden, Londres, WC2N 4AG
- ☎ 020 7497 5050

- 🖱 www.browns-restaurants.com
- Ⓜ Covent Garden y Leicester Square

Butlers Wharf Chop House & Bar (M-C)
Con maravillosas vistas del Tower Bridge desde su terraza, ofrece cocina tradicional británica, con toques de modernidad y un estilo informal, pero elegante. Recomendables los típicos pasteles y púdines ingleses.
- ✉ Butlers Wharf Building, 36e Shad Thames, Londres, SE1 2YE
- ☎ 020 7403 3403
- 🖱 www.chophouse-restaurant.com/
- Ⓜ London Bridge y Tower Hill

Morito (E-M)
Mezcla la cocina marroquí y española, con tapas estilo fusión.
- ✉ 32 Exmouth Market, Londres, EC1R 4QE
- ☎ 020 7278 7007
- 🖱 www.morito.co.uk
- Ⓜ Angel y Farringdon

Champor-Champor (M)
Creativa cocina malaya y asiática servida en un ambiente agradable. La comida se complementa con una cuidada decoración. Buenas opciones veganas.
- ✉ 62-64 Weston St, SE1 3QJ
- ☎ 020 7403 4600
- 🖱 www.champor-champor.com
- Ⓜ London Bridge

Slurp Noodles Soho (M)
Se inspira en los vendedores ambulantes de Hong Kong y reúne clásicos del sudeste asiático en el corazón de Londres. Te invitan a que no te cortes y sorbas los fideos.

- ✉ 17 Frith St, Londres, W1D 4RG
- 🖱 slurpnoodles.co.uk
- Ⓜ Leicester Square

Hoa Sen (E-M)
Agradable restaurante, con precios ajustados, que se centra en la deliciosa gastronomía vietnamita en versión callejera. Con opciones veganas.
- ✉ 22 Drury Ln, Londres, WC2B 5RH
- ☎ 020 3972 1292
- 🖱 www.hoasen.co.uk
- Ⓜ Covent Garden y Holborn

The Oak (M)
Deliciosas pizzas hechas en horno de leña. Gastronomía inspirada en Italia, España y sur de Francia.
- ✉ 137 Westbourne Park Road, Londres, W2 5QL
- ☎ 020 7221 3355
- 🖱 www.theoaklondon.com
- Ⓜ Westbourne Park

Roka Canary Wharf (M-C)
Estilo local con buenas vistas de la ciudad que ofrece gastronomía japonesa con un toque contemporáneo.
- ✉ Canary Wharf. 4, Park Pavillion, 40 Canada Square, London E14 5FW
- ☎ 020 7636 5228
- 🖱 plateau-restaurant.co.uk
- Ⓜ Canary Wharf

Piccolo Diavolo (M)
Esta trattoria familiar ofrece una amplia carta de cocina típica italiana. Deliciosa y abundante. También entregan a domicilio.
- ✉ 11 Crouch Hill, Londres N4 4AP
- ☎ 020 7272 3302
- 🖱 www.ilpiccolodiavolo.co.uk
- Ⓜ Crouch Hill y Finnsbury Park

Alain Ducasse at The Dorchester (C)

Ambiente clásico, diseñado por Patrick Jouin, para ofrecer una comida tradicional de mano del premiado Alain Ducasse.

- ✉ The Dorchester Hotel, Park Lane, Londres, W1K 1QA
- ☎ 020 7629 8686
- 🖥 www.alainducasse-dorchester.com
- 🚇 Bond Street y Green Park

Bluebird Chelsea (C)

Su imagen combina sofisticación y calidez. Lugar ideal para tomar el té, modernos cócteles o una cena íntima, con una carta donde prima la cocina británica.

- ✉ 350 King's Road, Londres, SW3 5UU
- ☎ 020 7559 1000
- 🖥 www.bluebird-restaurant.co.uk
- 🚇 Sloane Square

Coco Grill & Lounge (E-M)

Situado frente al Támesis, ofrece unas espectaculares vistas del Tower Brigde y de la City. Elegante local con gastronomía con toques internacionales y un económico menú al mediodía. Con opciones veganas.

- ✉ 34a Shad Thames, Londres
- ☎ 020 740 77 999
- 🖥 www.coco-restaurants.com
- 🚇 London Bridge y Tower Hill

Tortilla Leadenhall (E)

Restaurante de comida rápida mexicana para disfrutar de burritos, ensaladas, nachos y tacos a buen precio. Con opciones veganas.

- ✉ 28 Leadenhall Market, Leadenhall St, Londres, EC3V 1LR
- ☎ 020 390 90 419
- 🖥 www.tortilla.co.uk
- 🚇 Monument

Chutney Mary (C)

Uno de los mejores restaurantes indios de Londres, que combina recetas clásicas y contemporáneas. Cuenta con opciones veganas.

- ✉ 73 St James's St, Londres, SW1A 1PH
- ☎ 020 7629 6688
- 🖥 www.chutneymary.com
- 🚇 Picadilly Circus y Green Park

Indigo (C)

Ingredientes locales y estacionales para crear una carta imaginativa sin gluten ni lácteos. Dispone de un menú degustación vegano.

- ✉ 1 Aldwych, Londres, WC2B 4BZ
- ☎ 020 7300 0400
- 🖥 www.onealdwych.com/food-drink/indigo
- 🚇 Covent Garden, Temple y Holborn

The Ivy (C)

Cocina británica moderna en un lugar de reunión de artistas de cine y teatro. Reservar con antelación.

- ✉ 1-5 West Street, Londres, WC2H 9NQ
- ☎ 020 7836 4751
- 🖥 www.the-ivy.co.uk
- 🚇 Leicester Square

Gordon Ramsay Bar & Grill - Mayfair (C)

Gordon Ramsay es una institución en la cocina británica. Aquí ofrece una carta informal con ensaladas, carne y pescado.

- ✉ 10-13 Grosvenor Square, Londres, W1K 6JP
- ☎ 020 7495 2211
- 🖥 gordonramsayrestaurants.com/gordon-ramsay-bar-grill/mayfair
- 🚇 Bond Street

Mint Leaf (C)

Tradición, exotismo y buena gastronomía confluyen en este restaurante indio que cuenta con una amplia selección de platos vegeta-

Comida y compras

La mayoría de los grandes almacenes y centros comerciales londinenses ofrecen una amplia oferta culinaria para disfrutar de una buena comida sin abandonar sus instalaciones ni dejar de comprar. Se encuentran locales de todos los precios y cocinas.

Precios

Precio aproximado de una comida media:

E: menos de 30 €

M: entre 30-45 €

C: más de 45 €

Precios aproximados para tres platos, en los que no se incluyen las bebidas. Si se elige el menú del día, el precio baja considerablemente. En los restaurantes caros resulta imprescindible reservar con antelación.

Restaurantes con arte

En el restaurante Great Court del British Museum se degusta una excelente comida mientras se contempla su espectacular techo de cristal, diseñado por Norman Foster. En la National Portrait Gallery se disfrutan de unas espléndidas vistas desde su restaurante en la azotea. Sirve cocina británica. En la Tate Modern, su gastronomía, basada en productos frescos y de temporada, va acompañada de una maravillosa panorámica de la ciudad y el Támesis.

rianos. Decorado con elegancia, es ideal para una velada romántica.
- ✉ Bank, 12 Angel Ct, Londres EC2R 7HB
- ☎ 020 7600 0992
- 🖥 www.mintleaflondon.com
- Ⓜ Piccadilly Circus

Nobu (C)

Cocina japonesa moderna. Lugar de reunión de famosos. Tiene amplios ventanales con vistas a Hyde Park. Es necesario reservar con antelación.
- ✉ 19 Old Park Lane, Londres, W1K 1LB
- ☎ 020 7447 4747
- 🖥 www.noburestaurants. com/london-old-park-lane
- Ⓜ Hyde Park Corner

Roast (C)

Cocina británica de temporada, servida en un edificio monumental. Amenizan las cenas y la comida del domingo con música en directo.
- ✉ The Floral Hall, Stoney Street, Londres, SE1 1TL
- ☎ 020 3371 3120
- 🖥 roast-restaurant.com
- Ⓜ Borough

Rules (C)

Tiene la solera de ser el restaurante más antiguo de Londres: fue fundado por Thomas Rule en 1798. Propone una cocina tradicional británica, especializada en pasteles y pudin.
- ✉ 35 Maiden Lane, Covent Garden, Londres WC2E 7LB
- ☎ 020 7836 5314
- 🖥 www.rules.co.uk
- Ⓜ Charing Cross, Covent Garden y Leicester Square

Benihana Chelsea (E-M)

Gastronomía tradicional japonesa preparada frente a los comensales.
- ✉ 77 King's Road, Londres, SW3 4NX
- ☎ 020 7376 7799
- 🖥 benihanainternational.com
- Ⓜ Sloane Square

Café in the Crypt (E)

El café de la iglesia de St. Martin-in-the-Fields ofrece una cocina fresca y variada en un ambiente agradable. En el menú de mediodía suele incluir opciones vegetarianas; además dispone de menú infantil.
- ✉ St. Martin-in-the-Fields, Trafalgar Square, Londres, WC2
- ☎ 020 7766 1158
- 🖥 stmartin-in-the-fields.org/ visit/cafe-in-the-crypt
- Ⓜ Charing Cross

Clarette (M)

Cocina francesa con una carta de vinos extensa, muchos del conocido Château Margaux de Burdeos, propiedad de la familia.
- ✉ 44 Blandford St, Marylebone, W1U 7HS
- ☎ 020 3019 7750
- 🖥 www.clarettelondon.com
- Ⓜ Bond Street y Baker Street

Cafe Below (E-M)

Situado en la cripta de la iglesia de St. Mary-le-Bow, cerca de St. Paul's Cathedral. Sirve comida casera a buenos precios. Con bastantes opciones veganas.

- ✉ St. Mary le Bow Church, Cheapside, Londres, EC2V 6AU
- ☎ 020 7329 0789
- 🖥 www.cafebelow.co.uk
- 🚇 Bank, St. Paul's y Mansion House

St. John (C)

Casa de comidas del siglo XXI que ofrece cocina tradicional. De obligada reserva.

- ✉ 26 St. John Street, Londres, EC1M 4AY
- ☎ 020 7251 0848
- 🖥 stjohnrestaurant.com
- 🚇 Farringdon

Tamarind (C)

Primer restaurante indio en Europa con una estrella Michelin. Gran variedad de menús.

- ✉ 20 Queen Street, Londres, W1J 5PR
- ☎ 020 7629 3561
- 🖥 tamarindrestaurant. com
- 🚇 Green Park

A LAS AFUERAS DE LONDRES
Greenwich

Wagamama North Greenwich o2 (E-M)

Cadena de restaurantes especializados en comida asiática con una buena relación calidad-precio. Con muchas opciones veganas.

- ✉ The o2, Londres SE10 0ES
- ☎ 02082691214
- 🖥 www.craft-london.co.uk

The Pavilion Café (E)

Este pabellón evoca la época dorada del parque. Sirve sopas, sándwiches, platos calientes... Su té y café orgánicos apoyan el comercio justo. Opciones veganas.

- ✉ Greenwich Park, Londres, SE10 8QY
- ☎ 020 8305 2896
- 🖥 www.royalparks.org.uk/ visit/parks/greenwich-park/pavilion-cafe

Richmond

The White Cross (E)

Agradable pub junto al río que ofrece una variada carta de platos ingleses. El jardín cierra varias horas cada día cuando sube la marea. Alguna opción vegana.

- ✉ Riverside, Richmond TW9 1TH
- ☎ 020 8940 6844
- 🖥 www.thewhite crossrichmond.com
- 🚇 Kew Gardens

Botanist On The Green (M)

Agradable pub-restaurante que ofrece comida tradicional británica, adaptándose a las estaciones.

- ✉ 3-5 Kew Green Kew Gardens, Richmond Surrey, TW9 3AA
- ☎ 020 8948 4838
- 🖥 www.thebotanistkew. com
- 🚇 Kew Gardens

Hawthorn (C)

Elegante y tranquilo restaurante que sirve gastronomía moderna europea.

- ✉ 14 Station Parade Kew. Richmond, TW9 3PZ
- ☎ 020 8940 6777
- 🖥 hawthornrestaurant. co.uk
- 🚇 Kew Gardens

PARA VEGANOS Y VEGETARIANOS

Itadakizen London (E-M)

Restaurante vegano que sirve comida japonesa, poniendo énfasis en los ingredientes ecológicos y estacionales. Exponen pinturas de jóvenes artistas y acogen actuaciones musicales en directo.

- ✉ 139 King's cross Road, Londres WC1X 9BJ
- ☎ 020 7278 35 73
- 🖥 www.itadakizen-uk.com/ london
- 🚇 King's Cross St. Pancras

Purezza Camden (E-M)

La sensación de la pizza vegana deleita con una carta en la que esta es compañada por deliciosos entrantes y postres. Los menores de 10 años comen pizza gratis. Cuenta con otras sucursales en Reino Unido.

- ✉ 45-47 Parkway, Camden, NW1 7PN
- ☎ 020 3884 0078
- 🖥 purezza.co.uk/ locations/camden
- 🚇 Camden Town

Mildreds Soho (M)

Mildreds cuenta con varios restaurantes más a lo largo de Londres. Ofrece cocina internacional 100 % vegetal con una presentación impecable

Veganos y vegetarianos

Debido al gran número de veganos y vegetarianos que residen en Londres, la oferta de restaurantes de este tipo es amplia y gran parte suelen tener precios bastante razonables. Además, resulta sencillo encontrar opciones vegetarianas y veganas en cualquier restaurante, sobre todo en los indios y en las cadenas de cafés. veganlondon. co.uk/eat; happycow. net/europe/england/ london

Gastronomía de lujo

Los grandes hoteles londinenses suelen contar con la firma de chefs de renombre. Disfrutar de una comida, supone tanto una experiencia gastronómica de primer nivel como la posibilidad de admirar la arquitectura y decoración de estas obras de arte. En **The Connaught**, Hélène Darroze; Richard Corrigan en la **Grosvenor House** o Alan Ducasse en el **Dorchester.**

✉ 45 Lexington St,
   Carnaby, W1F 9AN
☎ 020 7494 1634
🖥 www.mildreds.co.uk
Ⓜ Oxford Circus

Pastan Barbican (E-M)
Especializado en pasta y pizzas 100 % vegetal. No solo tiene más restaurantes en Reino Unido, también uno en Barcelona.
✉ 12-14 St John St,
   Barbican EC1M 4AY
☎ 020 7998 4242
🖥 pastan.co
Ⓜ Farringdon

What The Pitta (E)
Especializados en Kebad veganos, tienen este y otro establecimiento en Londres. Fast food vegetal muy rica.
✉ 153 Brick L, BN1 1HP
☎ 07 517 920 887
🖥 whatthepitta.com
Ⓜ ShoreditchHigh Street

The Gate (M)
Fundado en 1989, es uno de los restaurantes vegetarianos más conocidos y reputados de Londres. Con gran variedad de platos veganos y para celíacos, usa ingredientes orgánicos para su elaboración. Con una sucursal en Islington.
✉ 51 Queen Caroline Street,
   Hammersmith, Londres,
   W6 9QL
☎ 020 7833 0401
🖥 thegaterestaurants.com
Ⓜ Hammersmith

ALREDEDORES DE LONDRES
Bath

Oak Restaurant (M)
En el centro de Bath, es uno de los mejores restaurantes vegetarianos de Reino Unido. Deliciosas opciones veganas.
✉ 2 North Parade Passage.
   Bath BA1 1NX
☎ 012 25446 059
🖥 www.oakrestaurant.co.uk

Olive Tree Restaurant (M-C)
Combina la decoración contemporánea y la giana. En verano se puede comer en el patio. Cocina británica con influencias mediterráneas.
✉ Queensberry Hotel,
   Russel St, Bath, BA1 2QF
☎ 01225 447928
🖥 www.olivetreebath.co.uk

Cambridge

Midsummer House (C)
Preciosa villa victoriana reconvertida en restaurante con jardín y vistas al río Cam. Su exquisitez ha sido premiada con dos estrellas Michelin, ofrece cocina francesa y mediterránea.
✉ Midsummer Common,
   Cambridge, CB4 1HA
☎ 12 2336 9299
🖥 www.midsummerhouse.
   co.uk

Taste of Cambridge (E)
Este puesto de comida tiene una estupenda relación calidad-precio. Especializado en falafel, ideal para vegetarianos y veganos.
✉ 8 Market Passage,
   Cambridge CB2 3PA
☎ 07913 141758
🖥 tasteofcambridge.co.uk

Oxford

Gee's restaurant & bar (M-C)
En un hermoso invernadero victoriano, ofrece cocina británica con toques mediterráneos. Dispone de menú del día y una buena carta de vinos. Con opciones veganas.
✉ 61 Banbury Road,
   Oxford, OX2 6PE
☎ 018 6555 3540
🖥 geesrestaurant.co.uk

The Cherwell Boathouse (C)
Se ubica en un embarcadero y ofrece comida británica tradicional. Con opciones para vegetarianos y veganos.
✉ Cherwell Boathouse,
   Bard-well Rd, Oxford, OX2
   6SR
☎ 018 6555 2746
🖥 cherwellboathouse. co.uk

Windsor

Eighteen (M)
Restaurante del Castle Hotel Windsor con cocina internacional y buenos vinos de la región.
✉ The Castle Hotel Windsor,
   18 High Sreet,
   Windsor, SL4 1LJ
☎ 017 5385 1577
🖥 www.mercure.com

The Loch and The Tyne (M)
Situado en las antiguas cabañas de unos guardabosques del parque de Windsor, este gastropub reinterpreta platos típicos de la cocina británica y también cuenta con alojamiento.
✉ 10 Crimp Hill, Old Windsor,
   Berkshire, SL4 2QY
☎ 01753 851470
🖥 www.lochandtyne.com

▌ Pubs y bares

Artesian
Con una decoración elegante y refinada, ofrece comida moderna, una amplia gama de cócteles y variedades de whiskies que abarcan desde Japón a Estados Unidos.
- ✉ The Langham Hotel, 1c Portland Place, Regent Street, Londres, W1B 1JA
- ☎ 020 7636 1000
- 🖰 www.artesian-bar.co.uk
- 🚇 Oxford Circus

Bar Soho
Ofrece comida internacional. Destacan sus variados cócteles bajo la luz de las velas. Se puede disfrutar de música de los 80 y 90.
- ✉ 23-25 Old Compton Street Londres, W1D 5JL
- ☎ 020 7439 0439
- 🖰 www.barsoho.co.uk
- 🚇 Leicester Square

The Butcher's Hook
Aquí se fundó el Chelsea F.C., sirve comida británica de calidad y posee una buena carta de vinos.
- ✉ 477 Fulham Road, Londres, SW6 1HL
- ☎ 020 3764 2816
- 🖰 www.greeneking.co.uk/ pubs/greater-london/ butchers-hook
- 🚇 Fulham Broadway

Coach & Horses
Pub con jardín exterior con una gran selección de bebidas. Su carta es de inspiración británica. Con opciones veganas.
- ✉ 1 Great Marlborough St, Soho, W1F 7HG
- ☎ 020 7437 3282
- 🖰 www.greeneking.co.uk/ pubs/greater-london/ coach-and-horses-soho
- 🚇 Leicester Square

The Carpenters Arms
Decorado con gusto, cuenta con terraza. Su gastronomía revisa los clásicos con un toque contemporáneo. Dispone de buenas opciones veganas.
- ✉ 68-70 Whitfield St, Greater, Londres W1T 4EY
- ☎ 020 758 031 86
- 🖰 thecarpentersarmsw1.co.uk
- 🚇 Goodge Street

The Devonshire
Elegante decoración para una carta clásica y típica.
- ✉ The Devonshire, 17 Denman St, Londres W1D 7HW
- 🖰 devonshiresoho.co.uk
- 🚇 Piccadilly Circus

Lamb
Situado en un edificio victoriano, sirve comida tradicional británica. Ideal para disfrutar de una buena conversación. Con opciones para personas veganas.
- ✉ 92 Lamb's Conduit Street, Bloomsbury, Londres, WC1N 3LZ
- ☎ 020 7405 0713
- 🖰 www.thelamblondon.com
- 🚇 Russell Square

The Drapers Arms
Decorado con un estilo característico, cuenta con un patio privado, ideal para tomar una buena pinta.
- ✉ 44 Barnsbury St, Islington, Londres, N1 1ER
- ☎ 020 7619 0348
- 🖰 thedrapersarms.com
- 🚇 Angel

The Duke of Cambridge
Inaugurado en 1998, fue el primer pub ecológico del Reino Unido. Productos locales, estacionales y con opciones veganas.
- ✉ 30 St Peters Street, Islington, Londres N1 8JT
- ☎ 020 7359 3066
- 🖰 dukeorganic.co.uk
- 🚇 Angel

The Spread Eagle
Primer pub vegano de Londres. Apuesta por la diversidad y sostenibilidad. Con Carta atractiva, buenos postres y opciones sin gluten.
- ✉ 224 Homerton High St, Londres E9 6AS
- ☎ 020 8985 0400
- 🖰 thespreadeaglelondon. co.uk
- 🚇 Homerton

Pubs a orillas del Támesis

Un gran número de pubs londinenses ofrecen una bella panorámica del Támesis, mientras se disfruta de una comida tradicional o de una pinta de cerveza. Entre ellos: **The Blue Anchor** (13 Lower Mall. Metro: Hammersmith); **Richmond's White Cross** (Water Lane. Tren: Richmond NLL) o **The Banker** (Cousin Lane. Metro: Cannon Street).

Alojamientos

Centro de Londres

Grange Beauchamp Hotel (M)
Localizado junto al British Museum, con unos bellos jardines privados, combina elegancia y tradición con un estilo contemporáneo.
- 24-27 Bedford Place, Londres, WC1B 5JH
- 020 7016 2540
- www.grangehotels.com
- Russell Square, Holborn

Eden Plaza Kensington (E-M)
Hotel funcional, bien situado, cercano a "Albertopolis", Harrods y Hyde Park.
- 68-69 Queen's Gate, Londres SW7 5JT,
- 020 7370 6111
- edenplaza.com
- Gloucester Road

Holiday Inn Express - Vauxhall Nine Elms (M)
Con habitaciones modernas, amplias y cómodas.
- 87 South Lambeth Road, Londres, SW8 1RN
- 020 7735 9494
- www.ihg.com
- Vauxhall

The Montague on the Gardens (M-C)
Bella mansión del siglo XVIII en el corazón de Bloomsbury, con una decoración clásica y habitaciones amplias. Cuenta con un bonito patio.
- 15 Montague St, Londres, WC1B 5BJ
- 020 7637 1001
- montaguehotel.com
- Russell Square, Holborn

The Hoxton, Shoreditch (M)
Fusión de barroquismo, estilo industrial y alojamiento de montaña.
- 81 Great Eastern Street, Londres, EC2A 3HU
- 020 7550 1000
- www.thehoxton.com
- Old Street Station

Novotel London Waterloo (M)
Situado en el corazón de Londres, frente al Támesis y al "Big Ben". Hotel funcional y moderno con un buen restaurante, Elements, y un bar.
- 113 Lambeth Road, Londres, SE1 7LS
- 0207 660 0674
- all.accor.com
- Lambeth North

Strand Palace Hotel (M)
Construido en 1909, en 1928 se reformó en estilo *art déco*. En la actualidad, ofrece comodidad y modernidad.
- 372 Strand, Londres, WC2R 0JJ
- 020 7379 4737
- www.strandpalacehotel.co.uk
- Covent Garden

Thistle London Piccadilly Hotel (M-C)
Hotel moderno y funcional con bella fachada victoriana.
- Coventry Street, Londres, W1D 6BZ
- 020 7523 5061
- www.thistle.com/piccadilly
- Piccadilly Circus

Hazlitt's (C)
Ocupa tres casas georgianas. Decorado con clasicismo, es el lugar favorito de artistas y literatos. Posee una fabulosa biblioteca, con un gran número de primeras ediciones.
- 6 Frith Street, Soho Square, Londres, W1D 3JA
- 020 7434 1771
- www.hazlittshotel.com
- Tottenham Court Road

Charlotte Street Hotel (C)
Decorado con un estilo inglés moderno, con amplios espacios comunes y habitaciones espaciosas decoradas con lienzos de pintores británicos.
- 15-17 Charlotte Street, Londres, W1T 1RJ
- 020 7806 2000
- www.firmdalehotels.com/hotels
- Goodge Street

Claridge's (C)
Emblema del estilo inglés desde 1898, acoge a miembros de casas reales, jefes de Estado, actores, modelos y socialités. En 1996 se realizó la mayor reforma desde los años 30.
- Brook Street, Mayfair, Londres, W1K 4HR
- 020 7629 8860
- www.claridges.co.uk
- Bond Street

The Connaught (C)
Renovado en 2007 para integrar las nuevas tecnologías y el arte contemporáneo con el mayor confort.
- Carlos Place, Mayfair, Londres, W1K 2AL
- 020 7499 7070
- www.the-connaught.co.uk
- Bond Street

The Dorchester (C)
Habitaciones elegantes con vistas a Hyde Park; predominan el estilo clásico y *art déco*. Reformado y abierto a las más novedosas tecnologías, fue el escenario de una de las lunas de miel de los actores Elizabeth Taylor y Richard Burton.
- 53 Park Lane, Londres W1K 1QA
- 020 7629 8888
- www.dorchestercollection.com
- Hyde Park Corner

Haymarket hotel (C)

Buena relación calidad-precio. Mezcla el arte contemporáneo y el estilo británico.
- ✉ 1 Suffolk Place, Londres, SW1Y 4HX
- ☎ 020 7470 4000
- 🖥 www.firmdalehotels.com
- Ⓜ Piccadilly Circus

ME London (C)

Inaugurado en 2012 y diseñado por Norman Foster, el segundo de los hoteles de la cadena en Londres destila clase.
- ✉ 336-337 The Strand, Londres WC2R 1HA
- ☎ 020 7395 3400
- 🖥 www.melia.com/es/hoteles/reino-unido/londres/me-london/index.html
- Ⓜ Temple

The Ritz London (C)

Uno de los grandes hoteles de la ciudad, inaugurado en 1906, ofrece unas maravillosas estancias decoradas al estilo Luis XVI con suelos de mármol, estatuas de pan de oro, muebles y espejos rococó.
- ✉ 150 Piccadilly, Londres, W1J 9BR
- ☎ 020 7493 8181
- 🖥 www.theritzlondon.com
- Ⓜ Green Park

The Savoy (C)

Inaugurado en 1889, ofrece una espectacular vista del río Támesis, está decorado en estilo *art déco* y eduardiano. Aquí se creó la copa Melba en 1892, postre dedicado a la famosa soprano australiana Nellie Melba y en su restaurante se conocieron Vivien Leigh y Lawrence Olivier.
- ✉ Strand, Londres, WC2R 0EU
- ☎ 020 7836 4343
- 🖥 www.thesavoylondon.com
- Ⓜ Charing Cross

The Soho hotel (C)

Habitaciones espaciosas y suites con diseños exclusivos en estilo inglés contemporáneo. Situado en una tranquila y céntrica calle.
- ✉ 4 Richmond Mews, Londres, W1D 3DH
- ☎ 020 7559 3000
- 🖥 www.firmdalehotels.com
- Ⓜ Piccadilly Circus

London Elizabeth Hotel (M)

Agradable hotel con correctas habitaciones y un agradable jardín. Su punto fuerte es su estupenda localización junto a Hyde Park.
- ✉ 4 Lancaster Terrace, Hyde Park, Londres, W2 3PF
- ☎ 0207 402 6641
- 🖥 www.londonelizabethhotel.co.uk
- Ⓜ Lancaster Gate

Melita House (M)

Agradable, funcional y muy bien comunicado.
- ✉ 35 Charlwood Street, Londres, SW1V 2DU
- ☎ 020 7828 0471
- 🖥 www.melitahotel.com
- Ⓜ Victoria Station

Mermaid Suites (E-M)

Ubicación excelente y buena relación calidad-precio.
- ✉ 3-4 Blenheim Street, Londres, W1S 1LA
- ☎ 020 7629 1875
- 🖥 mermaid.tripcombined.com
- Ⓜ Oxford Circus y Bond St

Mitre House Hotel (E-M)

Situado en un edificio histórico cerca de Hyde Park. Sin florituras, pero con habitaciones cómodas y agradables.
- ✉ 178-186 Sussex Gardens, Londres, W2 1TU
- ☎ 020 772 38040
- 🖥 www.mitrehousehotel.com
- Ⓜ Lancaster Gate

The Portobello Hotel (C)

Un hotel boutique con un toque entre clásico y bohemio en un precioso rincón de Notting Hill.
- ✉ 22 Stanley Gardens, Londres W11 2NG,
- ☎ 020 7727 2777
- 🖥 www.portobellohotel.com
- Ⓜ Notting Hill Gate

The Rushmore Hotel (E-M)

Pequeño y elegante hotel, con una bella fachada victoriana. Ofrece un agradable servicio a unos precios muy económicos.
- ✉ 11 Trebovir Road, Londres, SW5 9LS
- ☎ 020 7370 3839
- 🖥 www.rushmore-hotel.co.uk
- Ⓜ Earls Court

The Cardiff (E-M)

Este agradable hotel ha sido dirigido por la familia Davies desde 1958. Está ubicado en una tranquila plaza, cuenta con habitaciones sencillas a buenos precios.
- ✉ 5-9 Norfolk Square, Hyde Park, Londres, W2 1RU
- ☎ 020 7723 9068
- 🖥 www.cardiff-hotel.com
- Ⓜ Paddington station

Meliá White House (C)

Este práctico hotel de cuatro estrellas, contiguo a Regent's Park, cuenta con personal bilingüe inglés-español.
- ✉ Albany Street, Regent´s Park Londres NW1 3UP
- ☎ 020 7391 3000
- 🖥 www.melia.com/es/hoteles/reino-unido/londres/melia-white-house/index.html
- Ⓜ Regent's Park y Great Portland Street

Precios

Los precios se calculan por habitación, sin tener en cuenta la ocupación de una o dos personas.

E: menos de 150 €
M: entre 150-260 €
C: más de 260 €

Otros tipos de alojamientos

Bed and Breakfast accommodation (B&B)

Situados a lo largo de toda la ciudad, ofrecen un alojamiento más íntimo y barato: www.bedandbreakfasts.co.uk/greater-london/london www.londonbb.com www.bedandbreakfast.eu

Hostels. Con variedad de precios, servicios, ubicaciones y niveles de comodidad, los albergues resultan una alternativa a los hoteles. Durante el verano, algunas universidades ofrecen las habitaciones de los estudiantes como alojamiento a buen precio: www.hostelworld.com/es/.

Apartamentos turísticos. Flexibles, económicos y con la posibilidad de vivir como un local. Diversas plataformas on line como Airbnb (www.airbnb.es) o Vrbo (www.vrbo.com/es-es) permiten alquilar pisos completos o habitaciones en viviendas de londinenses a un precio muy competitivo frente a los hoteles. Conviene organizar las reservas con un mínimo de antelación.

Rhodes Hotel (E-M)
Agradable Bed&Breakfast situado en una elegante mansión georgiana en las proximidades de Hyde Park.
- ✉ 195 Sussex Gardens, Londres, W2 2RJ
- ☎ 0207 2620 537
- 🖥 www.rhodeshotel.com
- Ⓜ Paddington/Lancaster Gate

Victor Hotel (E-M)
Céntrico hotel familiar en la zona de Victoria.
- ✉ 51 Belgrave Road, Londres, SW1 2BB
- ☎ 020 7592 9853
- Ⓜ Victoria

ALREDEDORES DE LONDRES

Bath

Queensberry Hotel (M)
Bonito hotel situado en un edificio georgiano en el centro de Bath. Sus amplias habitaciones presentan un estilo contemporáneo y elegante.
- ✉ 4-7 Russel Street, Bath, BA1 2QF
- ☎ 012 2544 7928
- 🖥 www.thequeensberry.co.uk

The Royal Hotel (E-M)
Inaugurado en 1846, fue diseñado por Brunel y visitado por la reina Victoria. Todas las habitaciones y los baños han sido redecorados y reformados. Bastante céntrico.
- ✉ Manvers Street, Bath, BA1 1JP
- ☎ 012 2546 3134
- 🖥 www.royalhotelbath.co.uk

Canterbury

Best Western Abbots Barton Hotel (E-M)
Construido en 1830 como mansión privada, en 1927 se reconvirtió en hotel de habitaciones sencillas.
- ✉ 36 New Dover Road, Canterbury, CT1 3DU
- ☎ 012 2776 0341
- 🖥 www.bestwestern.co.uk

Cathedral Gate (E-M)
Céntrico hotel con vistas a la catedral, con habitaciones sencillas y precios económicos.
- ✉ 36, Burgate, Canterbury, CT1 2HA
- ☎ 012 2746 4381
- 🖥 www.cathgate.co.uk

Cambridge

Hilton Cambridge City Centre (M-C)
Céntrico. Habitaciones amplias, elegantes y modernas. Se puede disfrutar de una buena comida en su restaurante y bar.
- ✉ 20 Downing Street, Cambridge, CB2 3DT
- ☎ 01223 464 491
- 🖥 www.hilton.com

Graduate Cambridge (M)
Distinto, clásico, pero con una original decoración, inspirada en los famosos colleges de la ciudad. Con restaurante y bar.
- ✉ Granta Pl, Mill Ln, Cambridge CB2 1RT
- ☎ 01223 259988
- 🖥 graduatehotels.com/cambridge/

Salisbury

Mercure White Hart Hotel (M)
Hotel agradable y funcional ubicado en una mansión del siglo XVII, cerca de la catedral.
- ✉ 1 St. John Street, Salisbury, SP1 2SD
- ☎ 01722 327476
- 🖥 all.accor.com

Oxford

Old Bank Hotel (C)
Edificio georgiano con habitaciones modernas y cómodas y con estilo. En el centro.
- ✉ 92-94 High Street, Oxford, OX1 4BN
- ☎ 018 6579 9599
- 🖥 www.oldbank-hotel.co.uk

Royal Oxford Hotel (M)
Localizado muy cerca del

centro, con habitaciones espaciosas y cómodas.
- ✉ 17 Park End Street, Oxford, OX1 1HR
- ☎ 018 6524 8432
- 🖰 www.royaloxfordhotel. co.uk

Windsor

Harte & Garter Hotel & Spa (E-M)
Cercano al castillo de Windsor, surge de la unión de dos hostales del siglo XIV.

Habitaciones elegantemente decoradas.
- ✉ 31 High Street, Windsor, SL4 1PH
- ☎ 0330 390 0494
- 🖰 the-harte-and-garter. hotel-rn.com

▌Compras

MERCADOS

Camden Market
Arte étnico, muebles, artesanía, joyería, ropa de segunda mano, gastronomía.
- ✉ Camden Lock Place, Londres, NW1 8AF
- ◷ A partir de las 10 h hasta tarde.
- 🖰 www.camdenmarket.com
- 🚇 Camden Town

Camden Passage
Colorida atmósfera que nos transporta en el tiempo, un gran mercado de antigüedades que se celebra los miércoles y sábados, aunque el resto de la semana también las tiendas cercanas están abiertas.
- ✉ Islington, Londres, N1 8EE
- ◷ X y S de 9 h a 18 h.
- 🖰 camdenpassageislington. co.uk
- 🚇 Angel

Columbia Road Flower Market
Más de 50 puestos que ofrecen una gran variedad de flores, plantas, arbustos y árboles. También se pueden encontrar accesorios de jardinería. Cerca hay restaurantes, cafés y pubs.
- ✉ Columbia Rd, E2 7RG
- ◷ D: 8-15 h.
- 🖰 www.columbiaroad.info
- 🚇 Old Street

Covent Garden Piazza
Hasta 1974 fue el mercado de frutas y verduras más importante de Londres. Ahora está dividido entre el Apple Market, de accesorios, arte y antigüedades; East Colonnade y Jubilee.
- ✉ Londres, WC2E 8RF
- ◷ Apple Market: 10 h-18 h; East Colonnade: 10.30-19 h
- 🖰 www.coventgarden. london/shop/markets/
- 🚇 Covent Garden

Old Spitalfields Market
Se vende casi de todo: comida, flores, ropa, accesorios... Consta de dos grandes zonas: Bishop Square y Crispin Place. El *Market Traders* abre cada día y el *Spitalfields Arts Market* se celebra una vez al mes, excepto en agosto, a lo largo de un fin de semana.
- ✉ 16 Horner Square, Londres, E1 6EW
- ◷ L-V: 10-18 h; S: 11-17 h; D: 10-18 h
- 🖰 www.spitalfields.co.uk
- 🚇 Liverpool Street

Portobello Road Market
Popular por los puestos de antigüedades y de coleccionismo que se instalan los sábados. Los de frutas y verduras están abiertos de lunes a sábado.
- ✉ Portobello Road, Londres, W10 5TA
- ◷ L-X: 9-18 h; J: 9-13 h; V-S: 9-19 h.
- 🖰 www.portobelloroad. co.uk
- 🚇 Ladbroke Grove y Notting Hill Gate

MODA

Agent Provocateur
Inaugurada en 1994, ofrece una lencería seductora y femenina en una tienda exquisitamente decorada.
- ✉ 6 Broadwick Street, Soho, Londres, W1F 8
- ◷ L-S: 11-19 h; D: 12-18 h
- 🖰 www.agentprovocateur. com
- 🚇 Oxford Circus

All Saints
Marca británica de prêt-à-porter de estilo urbano. Ofrece prendas de piel y seda a precios no muy elevados.

De compras

Bond Street, las tiendas más exclusivas y caras (antigüedades, joyerías, subastas y alta costura.) No es extraño toparse con algún famoso.

Carnaby Street, moda de estilo urbano, con tiendas de diseñadores "rompedores".

Charing Cross Road, idónea para comprar libros, tanto nuevos como usados.

Jermyn Street, el Londres más tradicional.

King's Road, cafeterías, grandes diseñadores y decoración de interiores.

Oxford Street, con más de 300 tiendas es un paraíso para los adictos a las compras y ofrece propuestas ajustadas a todas las economías.

Regent Street, tiendas exclusivas que venden oro, plata y joyas.

Tiendas de caridad (Charity Shops)
Muy populares en el Reino Unido con sorprendentes gangas y originales artículos.
En el centro de Londres destaca **British Red Cross** (164 Portobello Rd. Metro: Ladbroke Grove) donde se puede encontrar ropa y complementos de primera línea; **Cancer Research** UK (24 Marylebone High Street. Metro: Baker Street) con ropa y complementos; **FARA** (40 Upper Tachbrook Street. Metro: Pimlico) vende ropa de niño y **Oxfam Covent Garden** (23 Drury Ln. Metro: Covent Garden) ropa, accesorios y menaje del hogar. Ver www.charityshops.org.uk.

✉ 57-59 Long Acre, Londres, WC2E 9JL
⏱ L-S: 10-19 h; D: 11.30-18 h
🖥 www.allsaints.com
Ⓜ Covent Garden y Leicester Square

Marks & Spencer
Uno de los almacenes británicos más conocidos, con una buena relación calidad-precio en su ropa y accesorios.
✉ 173 Oxford Street, Londres, W1D 2JR
⏱ L-S: 9-21 h; D: 12-18 h
🖥 www.marksandspencer.com
Ⓜ Oxford Circus

Stella McCartney London Mayfair
Agradable tienda con una elegante decoración y prendas modernas con estilo. Stella, hija de Paul McCartney, se ha hecho un hueco entre los mejores diseñadores del mundo. Confecciona sus colecciones con piel sintética por su compromiso con asociaciones de animales.
✉ 23 Old Bond St, Londres W1S 4PZ
⏱ L-S: 10-18.30 y D: 12 h-18 h
🖥 www.stellamccartney.co.uk
Ⓜ Green Park

Suitsupply London
Elegante boutique de moda masculina con modernos trajes, dos piezas, calzado y accesorios.
✉ 9 Vigo St, Londres W1S 3HH
⏱ L-S: 10-20 h; D: 12-18 h
🖥 suitsupply.com/es-es/stores/London-Vigo
Ⓜ Piccadilly Circus

Primark Marble Arch
Enorme tienda de la cadena de ropa y complementos irlandensa. Es una de las paradas más populares de Oxford Street por su gran cantidad de artículos a bajos precios.
✉ 499-517 Oxford Street, Londres W1K 7DA.
⏱ L-S: 8-22 h y D: 12-18 h.
🖥 www.primark.com/
Ⓜ Marble Arch.

TIENDAS GOURMET

Paxton & Whitfield
Quesería de lujo con embutidos, vino y champán.
✉ 93 Jermyn St. St. James's. Londres SW1Y 6JE
⏱ L-S: 10 h-18.30 h. D: 11 h-17h.
🖥 www.paxtonandwhitfield.co.uk
Ⓜ Green Park

Harrods Food Hall
Ofrece una amplia variedad de opciones para comer tanto en los grandes almacenes como para llevar. Los famosos souvenirs de Harrods, los "ositos" en forma de peluche, bolsos... además de una gran variedad de *merchandising*, como bolígrafos o pañuelos, se encuentran allí.
✉ 87-135 Brompton Road, Londres SW1X 7XL
⏱ L-S: 10-21 h; D, 11.30-18 h
🖥 www.harrods.com
Ⓜ Knightsbridge

Milroy's of Soho
Amplia selección de vinos, whiskys, quesos y puros.
✉ 3 Greek Street, Londres, W1D 4NX
⏱ L-S: 10-24 h
🖥 www.milroys.co.uk
Ⓜ Tottenham Court Road

Peyton and Byrne
Las tartas, el pan y el resto de productos de Peyton and Byrne se hornean a diario. Ofrecen sus propias marcas de té y café. Cuentan con dos establecimientos en Londres.

✉ 224 Great Portland St,
Londres W1W 5QP
🕐 L-V: 8-16 h y S: 9-14 h
🌐 peytonandbyrnebakeries.
com
🚇 Great Portland Street

Whole Foods Market
Popular cadena de tiendas ecológicas con alimentación envasada y fresca; comida para llevar y muchas opciones veganas. También artículos para el hogar.
✉ 20 Glasshouse Street,
Londres W1B 5AR.
🕐 L-S: 8 h-22 h.
D: 12 h-18 h
🌐 www.wholefoodsmarket.
co.uk/piccadilly
🚇 Piccadilly Circus

PERFUMES

Jo Malone
Ingredientes naturales para la creación de fabulosas fragancias, cosméticos y velas perfumadas.
✉ 150 Sloane Street,
Londres, SW1X 9BX
☎ 087 0192 5121
🕐 L-S: 10-18 h
D: 11-17 h
🌐 www.jomalone.co.uk
🚇 Sloane Square

Miller Harris
Esta perfumería dispone de una amplia gama de productos de cosmética, fragancias y velas perfumadas. Cuenta con dos tiendas en Londres. Una de ella dentro de mercado de Covent Garden.
✉ Unit 11, The Market,
Covent Garden, WC2E 8RB
🕐 L-S: 10-19 h; D: 12-18 h
🌐 www.millerharris.com
🚇 Covent Garden

Dar Alteeb Luxury Perfumes
Una de las perfumerías más exclusivas.
✉ 8a Sloane St, Londres
SW1X 9LE
🕐 L-S: 10.30-20 h; D: 12-18 h
🌐 daralteeb.com.kw/en/
🚇 Knightsbridge

MUEBLES Y ANTIGÜEDADES

Alfie Antique Market
El mayor mercado de antigüedades de Londres. *Art déco,* plata, muebles, pinturas, joyas, cerámica, ropa...
✉ 13-25 Church Street,
Marylebone,
Londres, NW8 8DT
🕐 M-S: 10-18 h
🌐 www.alfiesantiques.com
🚇 Marylebone

Graham & Green
Desde la década de 1970 combina antigüedades con el diseño contemporáneo.
✉ 4 Elgin Crescent,
Londres, W11 2HX
🕐 L-S: 10-18 h. D: 11-16.30 h.
🌐 grahamandgreen.co.uk
🚇 Ladbroke Grove

Heal's
Inaugurado en 1810, ocupa tres plantas dedicadas al mueble y a los electrodomésticos.
✉ 196 Tottenham Court
Road, Londres W1T 7LQ
🕐 L-S: 10.30-19 h. D: 12-18 h
🌐 www.heals.co.uk
🚇 Goodge Street

LIBRERÍAS

Gay's the Word
Fundada en 1979, esta librería británica fue pionera en la temática gay y lesbiana.

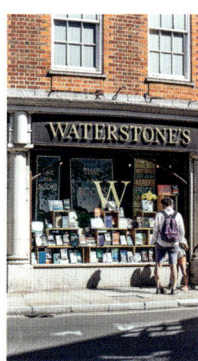

✉ 66, Marchmont Street
Londres, WC1N 1AB
🕐 L-S: 11-18 h y D: 13-18 h
🌐 gaystheword.co.uk
🚇 Russell Square

Stanfords London
Fundada en 1853, ofrece una excelente selección de material cartográfico y literatura de viajes.
✉ Seven Dials. 7 Mercer
Walk, Londres WC2H 9FA.
🕐 L-V: 9-19 h; S: 10-19 h;
D: 12-18 h
🌐 stanfords.co.uk
🚇 Covent Garden

Waterstone's
Es una de las librerías más grandes de Europa. Con bar, restaurante, tienda de regalos y galería de arte.
✉ 203-206 Piccadilly,
Londres, W1J 9HD
🕐 L-S: 9-21; D: 12-18 h
🌐 www.waterstones.com
🚇 Piccadilly Circus

MÚSICA

Rough Trade East
Música de todos los géneros, literatura. Con un café.
✉ Old Truman Brewery,
91 Brick Lane, E1 6QL
🕐 L-X y V-S: 10-18 h. J: hasta
las 19 h. D: 11-17 h.
🌐 www.roughtrade.com
🚇 Aldgate East

NIÑOS

Benjamin Pollock's Toyshop
Juguetes clásicos especializados en el teatro.
✉ 44 The Market, Covent
Garden, Londres, WC2E 8RF
🕐 L-S: 10.30-18 h. D: 11-18 h
🌐 pollocks-coventgarden.co.uk
🚇 Covent Garden

Hamleys
Tienda de siete plantas con todo tipo de juguetes.
✉ 188-196 Regent St,
Londres, W1B 5BT
🕐 L-S: 10-21 h; D: 12-18 h;
🌐 www.hamleys.com
🚇 Piccadilly Circus

Llevar a los niños

Aunque los niños están presentes en muchos museos y atracciones recogidas en la guía, en Londres hay un gran número de actividades enfocadas hacia los más pequeños de la familia.
En www.visitlondon.com/es/cosas-que-hacer/londres-para-ninos se recoge todo tipo de información útil para su viaje y muchas ideas para los padres.

MUSEOS

HMS Belfast*

Reconvertido en museo naval en 1971, este crucero de la II Guerra Mundial fue botado en 1938 y participó entre otras misiones en la Operación Neptuno, durante el Desembarco de Normandía y en la Guerra de Corea. Durante el recorrido se visitan todos sus camarotes y estancias a lo largo de sus nueve cubiertas. Además se muestran y narran las misiones en las que participó y descubre a sus visitantes su equipamiento en salas como la de motores o la de operaciones.

- ✉ The Queen's Walk Londres SE1 2JH
- 🕐 10-18 h. Último acceso a las 17 h.
- 🌐 www.iwm.org.uk/visits/hms-belfast
- 🚇 London Bridge y Tower Hill

Young V&A**

Inaugurado en 1974 en un edificio del siglo XIX. Pertenece al *Victoria and Albert Museum*. Exhibe bellas colecciones de juguetes y ropa infantil de época. Además cuenta con una agenda repleta de actividades que sorprenderán y entretendrán a los niños.

- ✉ Cambridge Heath Road, Londres E2 9PA
- 🕐 10-17.45 h

Comiendo con niños

Muchos restaurantes londinenses cuentan con un menú infantil. Supone un ahorro en el presupuesto.
visitlondon.com/es/cosas-que-hacer/comida-y-bebida/restaurant/restaurantes-en-familia-de-londres

- 🌐 www.vam.ac.uk/young
- 🚇 Bethnan Green
- 🎟 Gratuito

PARQUES

Battersea Park and Children'zoo*

Situado en el sur de Londres, entre sus paredes se encuentran un centenar de animales pájaros, monos, anfibios... y también algunos domésticos. Cuenta con un área especial para menores de ocho años. Organizan fiestas infantiles.

- ✉ Battersea Park. Londres, SW11 4NJ
- 🕐 10-17.30 h
- 🌐 www.batterseaparkzoo.co.uk
- 🚇 Sloane Square

Discover Children's Story Centre**

Magia, creatividas, imaginación y colorido se reúnen en este centro con espacios interiores y al aire libre. Los niños menores de 11 años crean sus propias historias a través del juego.

- ✉ 383-387 High Street. Stratford, Londres, E15 4QZ
- 🕐 L-D: 10-17 h
- 🌐 www.discover.org.uk
- 🚇 Stratford
- 🚌 25, 86, 108, 425, D8, 257, 308, 104, 238, 241, 262, 158, 473, 276, UL1 y 69.

Sea Life London Aquarium*

En su interior 350 especies marinas, entre ellas un tiburón. Dispone de una zona especial para los niños.

- ✉ Wetsminster Bridge Road, South Bank. Stratford, The County Hall, Riverside Building, Londres, SE1 7PB
- 🕐 Consultad web. Variables.
- 🌐 visitsealife.com/london
- 🚇 Westsminster y Waterloo

ZSL London Zoo*

Con más 600 especies de mamíferos, aves, peces, reptiles e invertebrados en sus jaulas, fue inaugurado en 1847.

- ✉ Regent's Park, Londres, NW1 4RY
- 🕐 Consultad web. Variables.
- 🌐 www.zsl.org
- 🚇 Camden Town

Legoland**

Inaugurado en el año 1996 como sucursal del primer parque el de Dinamarca.En su construcción, se emplearon 25 millones de piezas Lego. Más de medio centenar de recorridos distintos, atracciones, espectáculos, cafés, tiendas y alojamiento.

- ✉ Winkfield Road, Windsor, SL4 4AY
- 🕐 Consultad web. Variables.
- 🌐 www.legoland.co.uk
- 🚉 Windsor & Eton Central y Windsor & Eton Riverside. Junto a las estaciones salen autobuses hacia el parque.

TOURS

The Making of Harry Potter

A unos 30 km de Londres, en Leavesden, el estudio Warner Bros. es el origen de las ocho películas de Harry Potter y el lugar en el que todas ellas fueron creadas.

El *Warner Bros. Studio Tour London* ofrece la oportunidad de explorar su magia. Los seguidores de la saga podrán situarse detrás de las cámaras y disfrutar de los decorados; del vestuario y otros elementos de atrezo. Además, podrán descubrir los secretos que se esconden tras sus efectos especiales. No se pueden comprar entradas en el re-

cinto y el número es limitado para cada franja horaria. Es recomendable adquirirlas con antelación y llegar 20 minutos antes. Ofrecen distintas experiencias con alojamiento, transporte o un tour.

- ✉ Studio Tour Drive, Leavesden, WD25 7LR
- 🔗 www.wbstudiotour.co.uk/es
- 🚇 Watford Junction y 🚌 (en la parada 4) hasta el estudio.

∎ Divertirse

CINES

BFI IMAX

Con la pantalla más grande del Reino Unido, forma parte del British Film Institute, creado en 1933. Se exhiben películas comerciales, documentales en formatos en los formatos más novedosos.

- ✉ 1, Charlie Chaplin Walk, South Bank, London, SE1 8XR
- 🔗 www.bfi.org.uk/imax
- 🚇 Waterloo

Electric Cinema

Inaugurado en 1910, se trata del cine más antiguo de Londres. Proyecta tanto películas comerciales como de autor.

- ✉ 191 Portobello Road, Notting Hill, Londres, W11 2ED
- 🔗 electriccinema.co.uk
- 🚇 Ladbroke Grove

Ciné-Lumière

Ubicado en el Instituto Francés del Reino Unido, especializado en el mejor cine francés, europeo y mundial.

- ✉ 17 Queensberry Place, Londres, SW7 2DT
- 🔗 www.institut-francais.org.uk/cine-lumiere/
- 🚇 South Kensington

Prince Charles Cinema

Inaugurado en 1991, ofrece clásicos, cine contemporáneo y sesiones especiales.

Theatreland

En Londres hay alrededor cerca de 300 teatros. En el West End se sitúan gran parte de ellos, por eso el área se conoce como Theatreland. Su corazón es Shaftesbury Avenue, donde se ubican seis teatros. La mayoría de los edificios son construcciones georgianas o victorianas de gran valor artístico. Theatreland se identifica en muchas ocasiones con obras comerciales y musicales, ya que el teatro clásico y alternativo suele representarse en otras zonas de la ciudad. También los centros de arte locales ofrecen espectáculos de teatro y danza.

- ✉ 7-10 Leicester Place, Covent Garden, Londres, WC2H 7BY
- 🔗 www.princecharlescinema.com
- 🚇 Leicester Square y Piccadilly Circus

TEATROS Y MUSICALES

Battersea Arts Centre

Uno de los centros de arte más grandes, con un amplio programa teatral.

- ✉ Lavender Hill, Londres, SW11 5TN
- 🔗 www.bac.org.uk
- 🚇 Clapham Junction

National Theatre

- ✉ South Bank, Londres, SE1 9PX
- 🔗 www.nationaltheatre.org.uk
- 🚇 Covent Garden

Open Air Theatre

Inaugurado en 1932, se representan obras desde mayo hasta septiembre. En 2009, por primera vez en varios años, se incluyó en la programación una obra que no estaba firmada por Shakespeare. En 2012 se realizó una gran reforma.

- ✉ Inner Circle, Regent's Park, Londres, NW1 4NU
- 🔗 openairtheatre.com
- 🚇 Baker Street

Música a la carta

Originales restaurantes que ofrecen música en directo: www.caffe-concerto.co.uk o pia-noworks.bar/location-farringdon. También se puede disfrutar de una cena musical, al tiempo que se surcan las aguas del Támesis. Para más información, se puede consultar en: thames-dinnercruise.co.uk.

MÚSICA EN DIRECTO

Desde 1895, gracias a Robert Newmann y Henry Joseph Wood se celebran en Londres durante el verano una serie de conciertos de música clásica a precios asequibles. En 1930, tras la creación de la Orquesta Sinfónica de la BBC, esta pasó a ser titular de los Proms. En 1941, tras el bombardeo del Queen's Hall, se trasladó su sede al Royal Albert Hall. Los conciertos más importantes son el que inicia y el que cierra el ciclo. Este último lo ofrece la Orquesta de la BBC, que finaliza la velada con el himno británico, www.bbc.co.uk/proms

The Camden Assembly

Un lugar donde siempre se espera ver al grupo revelación en el panorama musical británico y mundial; no en vano, en él actuaron Blur, Oasis, Muse o Coldplay.

- ✉ 49 Chalk Farm Road, Londres, NW1 8AN
- 🖥 www.camdenassembly.com
- 🚇 Camden Town

Ronnie Scott's Jazz Club

Inaugurado en 1959, uno de los más antiguos y afamados clubs de jazz, en él han actuado desde Bill Evans a Tom Waits.

- ✉ 47 Frith Street, Soho, Londres, W1D 4HT
- ☎ 020 7439 0747
- 🖥 www.ronniescotts.co.uk
- 🚇 Leicester Square

Royal Philharmonic Orchestra

Fundada en 1946 por Sir Thomas Beecham, la Royal Philharmonic Orchestra sigue fiel a su legado.

- ✉ 16 Clerkenwell Green, Londres, EC1R 0QT
- 🖥 www.rpo.co.uk
- 🚇 Farringdon

Royal Opera House

Reinaugurada en 1999, es la sede de la Royal Opera y Royal Ballet. Mediante petición, los visitantes pueden acceder a su extensa y rica colección de materiales que formaron parte de los tres teatros que, desde 1732 ocuparon el lugar.

- ✉ Covent Garden, Londres, WC2E 9DD
- 🖥 www.roh.org.uk
- 🚇 Covent Garden

DISCOTECAS

Fabric London

Fue inaugurada en 1999. Consta de tres pistas de baile donde pinchan Dj's famosos.

- ✉ 77A Charterhouse Street, Londres, EC1M 6HJ
- ☎ 020 7336 8898
- 🖥 www.fabriclondon.com
- 🚇 Farringdon

Club Aquarium

Inaugurado en 1995, con su propia piscina y jacuzzi. Ofrece conciertos y sesiones de Dj's.

- ✉ 256-260 Old Street, London, EC1V 9DD
- 🖥 www.clubaquarium.co.uk

Egg London Nightclub

Elegante club que se distribuye en tres plantas, recordando a los de Ibiza. Se puede tomar una copa bajo la luz de la luna.

- ✉ 5-13 Vale Royal, Londres N7 9AP
- 🖥 www.egglondon.net
- 🚇 Caledonian Road & Barnsbury

ESPECTÁCULOS

A lo largo del año se celebran numerosos festivales, carnavales, cabalgatas, desfiles y eventos en la ciudad. www.visitlondon.com

Alexandra Palace

Inaugurado en 1873, este centro de entretenimiento ocupa 79 ha de parque. Se realizan conciertos, obras

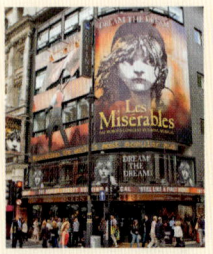

Musicales

Las obras musicales de los teatros londinenses, junto con las de Broadway, son las más afamadas del mundo. Algunas producciones se han mantenido en cartel hasta décadas. Si se quiere asistir a una representación: www.officiallondontheatre.co.uk. Las sesiones matinales constituyen una opción más económica. También se pueden conseguir entradas a precios reducidos en Leicester Square. Hay que tener en cuenta que muchos de los teatros en Londres descansan los domingos.

Menú pre-theatre

Antes de asistir a un concierto, ópera, obra de teatro o musical, muchos restaurantes ofrecen un menú "especial" conocido como *pre-theatre* que resulta más económico y que adelanta la hora de cena.

de teatro, exhibiciones y en invierno se instala una pista de patinaje sobre hielo.

- ✉ Wood Green, Londres, N22 7AY
- ☎ 020 8365 2121
- 🖥 www.alexandrapalace.com
- 🚇 Wood Green

Barbican Centre

Inaugurado en 1982 en una zona que fue devastada por los bombardeos alemanes durante la II Guerra Mundial. Cuenta con una gran sala de encuentro, el Barbican hall, que acoge los conciertos de la Orquesta Sinfónica de Londres y de la Orquesta Sinfónica de la BBC. Es un espacio multicultural con cabida para obras teatrales, danza, cine, arte, música, actividades educativas o conferencias.

- ✉ Silk Street, Londres, EC2Y 8DS
- ☎ 020 7638 8891
- 🖥 www.barbican.org.uk
- 🚇 Barbican

DEPORTES

En la ciudad existen 17 clubs de fútbol profesionales, siete de ellos militan en la primera división inglesa (Premier League). Chelsea, Tottenham y Arsenal son los más populares. Presenciar un partido de la Liga inglesa constituye una experiencia que va más allá del fútbol. El colorido, los hinchas y sus himnos... lo convierten en un espectáculo

aconsejable. El Twickenham Stadium acoge los partidos de rugby internacionales y del Torneo de las Seis Naciones. Desde finales de junio, los mejores tenistas del mundo juegan el Torneo de Wimbledon en la hierba del All England Lawn Tennis Club. En el Surrey Cricket Club y Marylebone Cricket Club, los visitantes conocen de cerca este deporte tan *british* como el cricket.

Arsenal FC

- ✉ 75 Drayton Park, Londres N5 1BU
- 🖥 arsenaldirect.arsenal.com/tour/home
- 🕐 Visitas guiadas a diario. L-S: 9.30 h -18 h. D: 10 h -16 h.
- 🚇 Arsenal

Chelsea FC

- ✉ Stamford Bridge, Fulham Road, Londres, SW6 1HS
- ☎ 0871 402 2325
- 🖥 www.chelseafc.com
- 🕐 Tours: sept-mar: 9.40-15 h; abr-jun: hasta las 16 h y jul y ago: hasta las 17 h.
- 🚇 Fulham Broadway

Marylebone Cricket Club

- ✉ Lord's Cricket Ground, 28A St. John's Wood, Londres, NW8 8QN
- ☎ 020 7616 8500
- 🖥 www.lords.org
- 🕐 Visitas guiadas a diario. Consultad horario en la web
- 🚇 St. John's Wood, Maida Vale y Marylebone

The O2 arena

Acoge numerosos eventos deportivos y musicales de carácter internacional.

- ✉ Peninsula Square, Londres, SE10 0DX
- ☎ 020 8463 2000
- 🖥 www.theo2.co.uk
- 🚇 North Greenwich

Surrey Cricket Club

- ✉ The Brit Oval, Kennington, Londres, SE11 5SS
- ☎ 0203 946 0100
- 🖥 www.kiaoval.com
- 🚇 Oval

Twickenham Stadium Tour & Museum of Rugby

- ✉ 200 Whitton Road, Twickenham TW2 7BA
- ☎ 020 8892 8877
- 🖥 worldrugbymuseum.com
- 🕐 Visitas y museo: M-S: 10-17 h; D: y festivos 11-17 h (última entrada a las 16.30 h)
- 🚇 Twickenham

Tottenham Hotspur

- ✉ 748 High Road, Haringey, Londres, N17 0AP
- ☎ 0344 499 5000
- 🖥 www.tottenhamhotspur.com/
- 🚇 White Hart Lane

Wembley Stadium

Con 90.000 localidades, este histórico estadio es el mayor campo de fútbol del Reino Unido. También acoge grandes espectáculos musicales.

- ✉ Wembley, Londres, HA9 0WS
- ☎ 0800 169 9933
- 🖥 wembleystadium.com
- 🚇 Wembley Park

Wimbledon Tennis Museum

- ✉ Church Road, Wimbledon, Londres, SW19 5AE
- ☎ 020 8946 6131
- 🖥 www.wimbledon.com
- 🕐 Museo: abr-sep: 10-17.30 h. Oct-mar: 10-17 h.
- 🚇 Southfields

Ferias y festivales

Enero-febrero

New Year's Day Parade (Cabalgata de Año Nuevo), 1 Enero. Cabalgata con carrozas, animadoras, bandas de músicas y coches clásicos que, desde 1987, parte de Parliament Square en Westminster y acaba en Berkeley Street en Piccadilly.

🖰 lnydp.com

Año Nuevo Chino (entre finales de enero y mediados de febrero). Esta tradicional celebración se concentra en Trafalgar Square donde se realiza la ceremonia de bienvenida al nuevo año y la tradicional cabalgata, mientras que en Leicester Square se lanzan petardos y fuegos artificiales.

Marzo-Abril

Día de San Patricio (alrededor del 17 de marzo). Desfile que conmemora la festividad de San Patricio, patrón de Irlanda desde Piccadilly hasta Whitehall Place por Trafalgar Square.

🖰 www.london.gov.uk/events

Regata universitaria (finales de marzo y principios de abril). Desde 1829 las universidades de Oxford y Cambridge compiten a lo largo de casi siete kilómetros por el río Támesis desde Putney hasta Mortlake.

🖰 www.theboatrace.org

Pascua en Battersea Gran desfile de Pascua (Carnival Parade) el domingo de Resurrección y desfile de carruajes tirados por caballos **(London Harness Horse Parade)** el lunes en Battersea Park.

🖰 www.lhhp.co.uk

Maratón de Londres (último domingo de abril). Desde 1981 las calles de Londres se llenan de corredores profesionales y aficionados, que recorren cuarenta y seis kilómetros desde Blackheath (Greenwich) hasta el Mall.

🖰 www.tcslondonmarathon.com

Mayo-junio

Chelsea Flower Show (mayo). Se organizan exposiciones florales en el Royal Hospital de Chelsea.

🖰 www.rhs.org.uk

Lilies and Roses (Lilas y Rosas) (21 de mayo). Cada año los alumnos de los colegios Eton y King's llevan flores a la Torre de Londres para honrar a su fundador Henry IV. Lilas de Eton y Rosas de King's

Oak Apple Day (Desfile de los Jubilados) (29 de mayo).
Los jubilados de Chelsea homenajean a Carlos II, fundador del Royal Hospital de Chelsea, en el aniversario de la huída del Monarca tras la batalla de Worcester.

Trooping the Colour (la segunda semana de Junio). Desfile que festeja el cumpleaños del Rey desde Buckingham Palace hasta House Guards Parade.

🖰 www.trooping-the-colour.co.uk

Torneo de Tenis de Wimbledon (mediados de Junio-principios de Julio). El torneo de tenis más prestigioso del mundo donde como manda la tradición no faltan las fresas con nata y el champán.

🖰 www.wimbledon.com

Julio-agosto

Proms (desde mediados de julio hasta primeros de septiembre). Populares conciertos de música clásica que se celebran en el Royal Albert Hall.

🖰 www.bbc.co.uk/proms

Swan Upping (último lunes de julio). Desde la Edad Media, vinateros y tintoreros censan el número de cisnes del río Támesis, junto al marcador de cisnes oficial del Rey que recuenta los cisnes jóvenes y los anilla.

Doggett's Coat and Badge Race (julio-principios de agosto). La competición de remo más antigua del mundo, data de 1715. Recorre desde London Bridge hasta el Albert Bridge.

🖰 doggettsrace.com

Tradición *Cockney*

El último domingo del mes de septiembre, la iglesia de St Mary-le-Bow se llena con los **Costermongers,** que celebran el **Harvest Festival Service.**
Los Costermongers eran los antiguos vendedores ambulantes londinenses, que elegían a sus "reyes y reinas de las perlas" para que les representaran y protegieran sus derechos. Este festival representa la quintaesencia de la tradición cockney (el auténtico nativo de Londres) y es una maravillosa disculpa para conocer sus extravagantes trajes tradicionales.

Carnaval de Notting Hill (último fin de semana de agosto). Desde 1965 atraviesa las calles del barrio de Notting Hill. Lo que comenzó siendo un modo de expresión de la población negra, se ha convertido en un espectáculo conocido mundialmente.
⚲ nhcarnival.org

Septiembre-octubre
London Open House (mediados de septiembre). Más de setecientos edificios de Londres abren sus puertas a los visitantes de manera totalmente gratuita un fin de semana al año.
⚲ www.openhouse.org.uk

Totally Thames (Thames Festival Trust) (en septiembre). Se celebra entre Westminster Bridge y Tower Bridge con espectáculos de baile, esculturas, perfomances, conciertos, películas, comida, bebida y mucha fiesta en la calle.
⚲ thamesfestivaltrust.org

Judges' Service (Comienzo del año judicial) (octubre). Procesión de jueces ataviados con sus togas que celebra el comienzo del año judicial en Gran Bretaña. Comienza en la Abadía de Westminster y finaliza en las Casas del Parlamento.

Trafalgar Day Parade (alrededor del 21 de octubre). Desfile de la Marina británica en conmemoración de la victoria del almirante Nelson sobre franceses y españoles.

Noviembre-diciembre
Guy Fawkes Night (5 de noviembre). Esta noche se conmemora con fuegos artificiales el intento fallido de volar el Parlamento de Guy Fawkes –la Conspiración de la Pólvora– en 1605.

Lord Mayor's Parade (Desfile del Alcalde de Londres) (en el segundo sábado del mes de noviembre). Se trata de un colorido desfile en el que participan autobuses, tanques, coches de época, carrozas, bandas de música, caballos... Desde 1952 recorre el área entre Bank y Aldwych.
⚲ lordmayorsshow.london

Apertura del Parlamento (noviembre-diciembre). Tras el verano, se reanuda la actividad política en el Parlamento con una primera sesión presidida por el Rey.
⚲ www.parliament.uk

Iluminación de Navidad (mediados de noviembre) en Regent y Oxford street.

Navidad en Trafalgar Square (Diciembre). Desde 1947 el pueblo noruego regala al británico un árbol de Navidad como muestra de gratitud por su ayuda en la II Guerra Mundial. Este acto se está cuestionando por la huella de carbono que deja.

Información Práctica

Direcciones útiles

Antes de viajar es recomendable tener localizada la Embajada española, al igual que el Consulado. En el caso del turismo británico no cuenta con una oficina en España ni con atención telefónica, pero sí con un servicio de tienda online a través del que se puede comprar tarjetas de viaje y distintos productos por adelantado.

Embajada de España en Londres

✉ 39 Chesham Place. Londres SW1X 8SB.

☎ 020 7235 55 55

☎ (+44) (20) 7235 55 55 (desde España)

✉ emb.londres@maec.es

🕐 L-V: 9-17 h

Consulado de España

✉ 20 Draycott Place-Londres SW3 2RZ.

☎ 020 7589 89 89

☎ (+44-207) 589 89 89 (desde España)

✉ cog.londres@maec.es

Oficina de Turismo

www.visitbritain.es/ www.visitlondon.com/es A través de las webs se pueden adquirir la Visitor Oyster Card, el London Pass, el London Explorer Pass, entradas para espectáculos, monumentos o museos.

ANTES DE PARTIR

Requisitos para el viaje

– Pasaporte: necesario.
– Visado: innecesario.
– Autorización Electrónica de Viaje (ETA): obligatoria desde abril de 2025, salvo que se disponga de visado (https://uk-eta.es/).
– Billete de ida o de ida y vuelta: recomendable.
– Vacunas: innecesarias.
– Tarjeta Sanitaria Europea: recomendable.
– Seguro de Viaje: recomendable.
– Carné de conducir (si se lleva coche): obligatorio.
– Seguro del automóvil (si se lleva coche):obligatorio.
– Permiso de circulación (si se lleva coche): obligatorio.

Cuándo ir

Londres recibe visitantes durante todo el año, a pesar de la humedad en las estaciones más frías y la habitual lluvia. Las mejores épocas por el clima son la primavera y el verano, aunque nunca se puede descartar que llovizne o que bajen las temperaturas. Siempre está bien consultar las previsiones antes de salir de casa para no encontrarse con sorpresas. www.metoffice.gov.uk.

Temperaturas medias

Enero	6º C	Húmedo
Febrero	7º C	Húmedo
Marzo	10º C	Húmedo
Abril	13º C	Sol/Chubascos
Mayo	17º C	Soleado
Junio	20º C	Soleado
Julio	22º C	Soleado
Agosto	22º C	Soleado
Sept.	19º C	Sol/Chubascos
Octubre	14º C	Húmedo
Noviembre	10º C	Húmedo
Diciembre	7º C	Húmedo

Cómo ir

En avión. Londres cuenta con seis aeropuertos: Heathrow y Gatwick, los más importantes y Stansted, Luton, London City (Docklands) y London Southend, los más pequeños. Numerosas compañías vuelan a Londres desde España: convencionales como Iberia (www.iberia.es) y British Airways (www.britishairways.com), o de bajo coste como Easy Jet (www.easyjet.com/es) y Ryanair (www.ryanair.com).

En tren. Viajando a París desde España está podría ser otra opción para llegar a Londres. En París y también en Bruselas se puede tomar el Eurostar, un medio rápido y cómodo de viajar entre el Reino Unido y la Europa continental a través del túnel del Canal de la Mancha. Los trenes llegan a la estación de St. Pancras International en el centro de la ciudad. Los precios no son exorbitados, además si los billetes se sacan con antelación, pueden resultar bastante económicos. www.eurostar.com

DURANTE LA ESTANCIA

❚ Traslados desde el aeropuerto

Heathrow (www.heathrowairport.com) se halla 32 km al oeste de la ciudad. Para llegar al centro se puede tomar el tren Heathrow Express (www.heathrowexpress.com); la línea Piccadilly del metro, un método más barato, pero menos cómodo y rápido que el tren; también se llega en autocar mediante National Express (www.nationalexpress.com) a la estación de Victoria y por la noche en el autobús nocturno N9 hasta Trafalgar Square y en taxi, es importante pedir al conductor que confirme el importe del viaje al inicio y cuidado con los taxistas sin licencia (el viaje cuesta alrededor de 50-60 £).

Gatwick (www.gatwickairport.com) se ubica a 45 km al sur de la ciudad. Para llegar al centro se puede tomar el tren Gatwick Express (www.gatwickexpress.com). El Southern Train (www.southernrailway. com) llega a Victoria en 35-40 minutos y es más económico que el Gatwick. También se llega en autocar mediante National Express (www.nationalexpress.com) a la estación de Victoria y en taxi, es importante pedir al conductor que confirme el importe del viaje al inicio y cuidado con los taxistas sin licencia (el viaje cuesta entre 60-90 £).

Stansted (www.stanstedairport.com) se encuentra a 64 km al noroeste de la ciudad. Para llegar al centro se puede tomar el tren Stansted Express (www.stanstedexpress.com); también se llega en autocar mediante National Express (www.nationalexpress.com) a la estación de Victoria y EasyBus, un servicio de bajo coste, con una flota de minibuses naranjas, con paradas en Hastingwood, South Woodford y Baker Street/Gloucester Place y Victoria. (www.easybus.co.uk) y en taxi, es importante pedir al conductor que confirme el importe del viaje al inicio y cuidado con los taxistas sin licencia (el viaje tiene un importe entre 50-70 £).

Luton (www.london-luton.co.uk/) a 51 km al noroeste de la ciudad. Para llegar al centro se puede tomar un autobús lanzadera que enlaza el aeropuerto con la estación de tren de Luton Airport Parkway en

❚ Principales oficinas de turismo en Londres

City of London TIC
- ✉ St Paul's Churchyard Londres, EC4M 8BX
- 🚇 St Paul's
- 🕐 L-S: 9.30-17.30 h. D: 10-16 h
- 🖥 www.thecityofldn.com/directory/city-of-london-information-centre/

TfL Visitor Centre (Victoria)
- ✉ Frente al andén 8, Victoria Railway Station, SW1V 1JU
- 🕐 L-S: 9-16.30 h

TfL Visitor Centre Piccadilly Circus
En el interior de la estación de metro de Piccadilly Circus.
- 🕐 J-S: 9-16.30 h

Greenwich Tourist Information Centre
- ✉ Pepys House 2 Cutty Sark Gardens Greenwich, SE10 9LW
- 🖥 info@visitgreenwich.org.uk
- 🖥 www.visitgreenwich.org.uk
- 🕐 L-D: 10-16 h

Visit Richmond
- ✉ The Quadrant, Richmond TW9 2NA,
- 🖥 info@visitrichmond.co.uk
- 🖥 www.visitrichmond.co.uk
- 🕐 L-V: 9-17 h.

unos ocho minutos. El servicio del tren lo gestiona First Capital Connect (www.nationalrail.co.uk); también se llega en autocar Green Line 757 a la estación de Victoria (www.greenline.co.uk) y EasyBus, un servicio de bajo coste, con una flota de minibuses naranjas, con paradas en Brent Cross, Finchley Road, Baker Street, Oxford Street/Marble Arch y London Victoria (www.easybus.co.uk) y en taxi, es importante pedir al conductor que confirme el importe del viaje al inicio y cuidado con los taxistas sin licencia (el viaje cuesta en torno a 60-70 £).

London City Airport (www.londoncityairport.com) se localiza a aproximadamente 9,5 km al este del centro de Londres. Para llegar al centro se puede usar el tren ligero Docklands (DLR); los autobuses 473 y 474; el metro haciendo transbordo con tren ligero Docklands (DLR) y en taxi, es importante pedir al conductor que confirme el importe del viaje al inicio y cuidado con los taxistas sin licencia (el viaje cuesta a partir de 40 £).

London Southend Airport (londonsouthendairport. com), a unos 67 km al noreste de la ciudad. En tren, desde el aeropuerto se llega a la estación de London Liverpool Street vía Stratford. El viaje dura apróximadamente 52 minutos. Es importante pedir al conductor que confirme el importe del viaje al inicio y cuidado con los taxistas sin licencia (el viaje cuesta alrededor de 100 £).

Moneda

La unidad monetaria de Gran Bretaña es la **libra esterlina** (£), emitida en billetes de £5, £10, £20 y £50. Cada libra tiene 100 (p) peniques (pennies o pence) y las monedas son de 1p, 2p, 5p, 10p, 20p, 50p, £1 y £2. Los británicos suelen referirse a los peniques "pii", una forma coloquial y abreviada de "pence"; a las libras como "quid", a los billetes de cinco libras como "fiver" y a los de diez, como "tenner". En el centro de Londres hay agencias de cambio de moneda, pero suelen resultar caras. Las tarjetas de crédito, sobre todo *Visa* y *Mastercard,* se aceptan prácticamente en todos los lugares. También se puede sacar dinero de los cajeros, pero, cobran una comisión, así que es mejor informarse antes de salir de España.

Llamadas telefónicas

Para llamar a España desde Reino Unido se marca el prefijo internacional 00 + , después el prefijo español 34 y por último el número de teléfono del abonado. Para establecer comunicación desde España a Reino Unido se marca el prefijo internacional 00 +, el prefijo británico 44 y el número del abonado.

￭ Correos e internet

Existe un gran número de *post offices* repartidas por toda la ciudad con un horario de lunes a viernes que suelen abarcar entre las 9 y 17.30 h, mientras que los sábados solo abren hasta las 12.30 h. Además hay numerosos buzones. En cuanto a la conexión a internet, todavía se encuentra algún cibercafé, además la casi totalidad de los hoteles ofrecen este servicio de forma gratuita, al igual que cafeterías o restaurantes.

￭ Hora oficial y horario comercial

Con respecto a España (excepto Canarias), Reino Unido lleva una hora de retraso. Se rigen por la del meridiano de Greenwich (GMT).

Las tiendas suelen abrir de lunes a sábado entre las 9.30-10 h y cierran sobre las 18 h. Los jueves sus horarios se prolongan una hora. Cada vez más establecimientos abren los domingos –la mayoría en el centro– desde las 11-12 h hasta las 17.30-18 h. Los comercios de alimentación tienen un horario más amplio suelen cerrar sobre las 22 h. En cuanto a los bancos su horario abarca de lunes a viernes entre 9.30-16.30 h, algunos abren los sábados por la mañana. A pesar de haber liberalizado su horario de apertura, los pubs suelen abrir de 11 a 23 h.

￭ Fiestas nacionales

1 enero: **Año Nuevo**
Marzo-abril: **Viernes Santo, Lunes de Resurrección**
Primer lunes de mayo: Festivo **primero de mayo**
Último lunes de mayo: Festivo de primavera
Último lunes de agosto: Festivo de agosto
25 diciembre: **Navidad**
26 diciembre: **Boxing Day**

￭ Transportes urbanos

La mejor opción para desplazarse por Londres es el transporte público, toda la ciudad se encuentra perfectamente comunicada por metro, autobús o tren. www.tfl.gov.uk. También se puede optar por tomar un taxi o alquilar un coche.

Metro. La red cuenta con 11 líneas, además del tren ligero Docklands (DLR) y se encuentra asimismo interconectada con la red de tren local. El horario es de 5.30 h a 24 h, de lunes a sábado. Las líneas Northern, Victoria, Piccadilly, Central y abren las 24 h las noches de los viernes, y sábados (*The Night Tube*). Los horarios de apertura se reducen los domingos (7-23 h), pero estos varían de unas líneas a otras. El plano del metro se divide en 9 zonas, la 1 y la 2 son las que corresponden al centro. Una buena opción para ahorrar es la tarjeta Oyster. Ver plano (▶140-141).

￭ Visita de museos

Los horarios de apertura y cierre de estos coincide básicamente con los horarios de los comercios y se puede consultar específicamente a lo largo de toda la guía. Una manera de evitar las multitudes en los museos y galerías más importantes es llegar tarde, ya que los más importantes amplían su horario un día a la semana o al mes, dependiendo de los casos. Ofrecen alternativas culturales muy interesantes.

Se puede disfrutar de la enorme colección del **Victoria & Albert Museum** al compás de música jazz y clásica los viernes hasta las 22 h y cenar en el café de la galería. **The Royal Academy of Arts** también abre hasta las 21 h los viernes.

Mientras que la **National Portrait Gallery** acoge lecturas, eventos y música en directo viernes y sábados hasta las 21 h.

El **British Museum** y la **National Gallery** abren, respectivamente, hasta las 20.30 y 21 h cada viernes.

Las exposiciones de la **Tate Modern** se pueden disfrutar cada último viernes de mes hasta las 22 h.

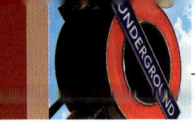

❚ Alquiler de vehículos

La edad mínima para alquilar un coche en Reino Unido es de 23 años (21, en algunas compañías) además se debe tener uno o dos años de antigüedad en el carné de conducir, dependiendo de la empresa. Las oficinas se suelen localizar en los aeropuertos, estaciones de tren o centros comerciales. Es más económico reservar antes de salir de España.
Avis: www.avis.es
Hertz: www.hertz.es
Europcar: www.europcar.es

❚ Farmacias

La idea de farmacia en Reino Unido es algo distinta a España. Existen grandes cadenas como Boots y Superdrug que venden medicinas, algunas solo con receta, sin embargo también se dedican a la venta de cosméticos y artículos de parafarmacia.
Sus horarios son similares a los de cualquier comercio, aunque existen algunas que cierran más tarde como **Boots** en el 44-46 Regent Street. (L-V: 8-23. S: 9-23 y D: 12-18 h) o **Zafash** en el 233-235 Old Brompton Road. Earl's Court (L-D: 9 h-24 h). Si se necesita algún medicamento específico, lo mejor es llevarlo desde España.

Autobús. Ofrece la oportunidad de disfrutar de la ciudad, mientras se realizan los desplazamientos. Además, los de dos plantas son uno de los iconos londinenses. Los diurnos funcionan desde las 6 hasta las 00.30 h, a partir de esta hora son sustituidos por los nocturnos, que se identifican mediante una "N" y salen de Trafalgar Square. Existe una tarifa plana válida en toda la red de autobús: 1,75 £ y no se permite pagar en efectivo, sin bien existen máquinas expendedoras junto a las paradas. La *Travelcard*, la *Oyster Card* y la *tarjeta de pago sin contacto* se admiten como método de pago. Los niños menores de 16 años viajan gratis, aunque es necesaria una tarjeta con fotografía -no es obligatoria para niños menores de cinco años. Permiten el acceso a las personas con discapacidad, con la excepción de los de patrimonio histórico de la línea 15.

Tren de cercanías. Una buena opción, en las zonas donde las líneas de metro y los autobuses escasean, especialmente el suroeste. Salen de las principales estaciones de metro y aceptan la Travelcard.

Taxis. Circulan de dos tipos: los cabs, o taxis negros tradicionales y los minicabs que, tienen apariencia de turismo normal. Los cabs están libres si su luz amarilla está encendida, además llevan el letrero "for hire". Constan de taxímetro por lo que suelen resultar más caros que los minicabs donde se negocia un precio con el conductor. A menudo están aparcados junto a las agencias y por la noche junto a los clubes y discotecas. Es importante verificar sin son legales. Deben llevar una pegatina circular con un rombo en el centro que acredita que están en regla.

Coche. No es recomendable para moverse en Londres debido a los atascos y a lo caro de los aparcamientos. Además hay que pagar un peaje (London Congestion Charges) para circular por la ciudad de 7 h a 18 h de lunes a viernes y de 12 h a 18 h, sábados, domingos y festivos. En Londres se conduce por la izquierda, se adelanta por la derecha, la velocidad está limitada a 48 km/h en ciudad, 96 km/h en carretera y 112 km/h en autovías y autopistas.

❚ Sanidad

La Tarjeta Sanitaria Europea sigue cubriendo la asistencia sanitaria en Reino Unido. Se debe solicitar en www.seg-social.es. Si se necesita asistencia médica, el servicio de urgencias atenderá al visitante. Hay que acudir al hospital más próximo del servicio nacional sanitario (nhs.uk) y dirigirse a urgencias (Accident & Emergencies: A&E). No obstante, se aconseja concertar un seguro que cubra gastos médicos.

Descuentos

Los carnés de jóvenes, estudiantes, desempleados, profesores o jubilados dan derecho a descuentos en la entrada a museos, espectáculos y cines y en la compra de los billetes de tren, autobús... Se encargan de expedirlos las distintas Comunidades Autónomas como el **Carné Joven de la Comunidad de Madrid**. C/General Díaz Porlier, 35 planta baja.carnejoven-madrid.com, o el de la **Agència Catalana de la Joventut**. C/ Calàbria, 147. dretssocials.gencat.cat/ca/agenciajoventut.

Una opción para ahorrar durante la visita a Londres es adquirir la **London Pass**, un pase turístico con el que hacen descuento en las mejores atracciones, concretamente en más de 80 lugares. Se puede adquirir on line en el sitio www.londonpass.com; los hay de 1, 2, 3, 4, 5, 6, 7 o 10 días consecutivos. La tarjeta infantil es más económica. Si tienes que aplazar tu viaje, el pase es válido dos años a partir de la fecha de compra, mientras no lo actives.

Además se puede adquirir la tarjeta **London Travelcard,** para uno o 7 días, permite un acceso ilimitado a la red de metro, autobuses y trenes del centro de Londres (zonas 1 y 2). Con la opción peak se puede viajar a cualquier hora y con la *off-peak* de lunes a viernes, desde las 9.30 h hasta el último metro y los fines de semana sin restricción de horarios. La opción de 7 días, ya no está disponible en papel, por lo que es necesario adquirir una tarjeta **Oyster** y cargarla en ella. Una opción práctica es la **Visitor Oyster Card,** una tarjeta recargable y reutilizable que calcula la tarifa más barata en cada medio de transporte. www.tfl.gov.uk. Aquí tienes una comparativa entre las distintas tarjetas: visitlondon.com/es/informacion-para-el-viajero/desplazamiento/oyster-y-travelcard

Orientarse con los distritos postales

Aunque Londres divide su área metropolitana en 32 *boroughs*, sus distritos postales poco tienen que ver con tal división y deben anotarse siempre a la hora de enviar o recibir correo. En ellos aparece una información relativamente útil. Las primeras letras indican la situación geográfica del distrito respecto a la ciudad (N, norte; NW, noroeste, etc.) y van seguidas de un número que precisa el barrio concreto. Tras esta, otra letra y dos números indican la manzana o bloque. Estos códigos, en apariencia, carecen de rigor por lo que, por ejemplo, ocurre que las zonas W2 y W3 no están necesariamente juntas. Esto se debe a que el número no indica proximidad geográfica, sino el orden alfabético.

Tabaco

La ley británica es más restrictiva que la española en cuanto al consumo de tabaco. Desde el 1 de julio de 2007 no se puede fumar en ningún lugar público cerrado (restaurantes, pubs, clubes, bares...). Además el precio de una cajetilla de tabaco es elevadísimo.

Cómo ahorrar

Si bien es cierto que Londres cuenta con un buen número de museos de entrada gratuita, siempre es aconsejable calcular lo que se gastará durante la estancia, añadiendo el transporte (tarjeta Visitor Oyster -www.visitlondon.com/es/informacion-para-el-viajero/desplazamiento/oyster-y-travelcard) y verificar si se ahorra adquiriendo el London Pass, este se puede comprar antes de salir de España en www.visitbritainshop.com/es o en londonpass.com/es.

▌Pequeño diccionario castellano-inglés

El inglés que se habla en Londres es tan variado como su trasfondo cultural y étnico.
En los bares y restaurantes del centro se oyen una gran variedad de acentos: desde
el de la BBC-English –claro y preciso– hasta el Cockney –jerga del East End que se
hizo famosa en la película *My Fair Lady*–. El Cockney no pronuncia la 'h' inicial ni la
'g' final de palabras que terminan en -ing. Con frecuencia enfatizan sus afirmaciones
con el uso del término "innit?" (isn't it?). Algunas de sus expresiones se pueden oír
en los pubs o en los mercadillos. Resulta difícil entenderlos, muchos londinenses
tampoco lo logran.

Español	Inglés	Español	Inglés
Fórmulas de cortesía			
Adiós	*Good bye/bye bye*	Lo siento	*Sorry*
Buenos días	*Good morning*	Hola	*Hello/Hi (col.)*
Después del mediodía	*Good afternoon*	¿Qué tal?	*How are you?*
Buenas tardes	*Good evening*	Por favor	*Please*
Buenas noches	*Good night*	Señor	*Sir*
Gracias	*Thank you/Thanks*	Señora	*Madam*
Hasta luego	*See you later*	Señorita	*Miss*
Expresiones básicas			
Excuse me	*Perdone*	Repita, por favor	*Repeat, please*
¿Habla español?	*Do you speak Spanish?*	Más despacio	*More slowly*
Hablo un poco		Otra vez	*One more time*
de inglés	*I speak a little English*	De acuerdo	*Ok*
No hablo inglés	*I don't speak English*	Tengo una pregunta	*I have a question*
No entiendo	*I don't understand*	Tengo un problema	*I have a problem*
Sí/No	*Yes/No*	¿Quién?	*Who?*
Y	*and*	¿Qué?	*What?*
O	*or*	¿Cuándo?	*When?*
¿Qué hora es?	*What time is it?*	¿Dónde?	*Where?*
¿Qué quiere decir…?	*What does …. mean?*	¿Por qué?	*Why?*
¿Cómo se dice…	*How do you say…*	¿Cómo?	*How?*
en inglés?	*in English?*		
Orientación			
¿Dónde está?	*Where is …?*	Debajo	*Under*
Estoy buscando	*I'm looking for*	Delante	*In front of*
A la derecha	*On the right*	Detrás	*Behind*
A la izquierda	*On the left*	Encima	*Above*
Allí	*There*	Entre	*Between*
Aquí	*Here*	Lejos	*Far*
Cerca	*Near*	Recto	*Straight*
Lugares			
Avenida	*Avenue*	Farmacia	*Chemist/Pharmacy*
Ayuntamiento	*City Hall*	Fuente	*Fountain*
Banco	*Bank*	Iglesia	*Church*
Barrio	*District*	Museo	*Museum*
Calle	*Street*	País	*Country*
Cajero	*Cash Machine*	Plaza	*Square*
Carretera	*Road*	Pueblo	*Town*
Castillo	*Castle*	Puente	*Bridge*
Catedral	*Cathedral*	Río	*River*
Ciudad	*City*	Torre	*Tower*

Transporte

Aeropuerto	Airport	Estación de autobuses	Bus Station
Andén	Quay	Estación de trenes	Train Station
Aparcamiento	Parking/Car Park	Gasolinera	Gas Station/Petrol Station
Avión	Airplane	Metro	Tube/Underground
Autobús	Bus	Puerto	Harbour
Barco	Boat	Tren	Train
Bicicleta	Bicycle	Ticket de ida	Single ticket
Coche	Car	Ticket de ida-vuelta	Return ticket
WC	Toilet	Entrada	Entrance

En el hotel

Almohada	Pillow	Habitación doble	Double room
Baño	Bathroom	Habitación sencilla	Single room
Cama de matrimonio	Double bed	Habitación sin baño	Standard room
Dos camas	Twins beds	Habitación con baño	En-suite-room
Cuenta	Bill	Jabón	Soap
Dormitorio común	Dormitory	Llave	Key
Ducha	Shower	Manta	Blanket
Equipaje	Lugagge	Sábanas	Sheets
Habitación	Bedroom	Toallas	Towels

Números

Uno	One	Treinta	Thirty
Dos	Two	Cuarenta	Forty
Tres	Three	Cincuenta	Fifty
Cuatro	Four	Sesenta	Sixty
Cinco	Five	Setenta	Seventy
Seis	Six	Ochenta	Eighty
Siete	Seven	Noventa	Ninety
Ocho	Eight	Cien	Hundred
Nueve	Nine	Mil	Thousand
Diez	Ten	Millón	Million
Veinte	Twenty	Cero	Zero

Comer/beber

Agua	Water	Frío	Cold
Beber	To drink	Grande	Big
Bebida	Drink	Malo	Bad
Bueno	Good	Me gustaría…	I would like…
Caliente	Hot	Media pinta	Half a pint
Carne	Meat	Medio	Medium
Carta	Menu	Mesa	Table
Cena	Dinner	Pan	Bread
Cerveza	Beer	Pequeño	Small
Rubia, tostada, negra	Lager, ale, stout	Pescado	Fish
Cerveza de barril	Draught beer	Pinta	Pint
Comer	To eat	Plato principal	Main dish
Comida	Lunch	Postre	Dessert
Coffee	Café	Restaurante	Restaurant
Cuenta	Bill	Reserva	Booking
Desayuno	Breakfast	Ronda	Round
Desayuno fuerte	Brunch	Sidra	Cider
Entrante	Starter	Vegetariano	Vegetarian
Excelente	Excelent	Vino	Wine

De compras

Abierto	Open	Grandes almacenes	Department stores
Barato	Cheap	Horario	Opening times
Caro	Expensive	¿Puedo pagar	Can I pay
Cerrado	Closed	con tarjeta de crédito?	with Credit Card?
¿Cuánto cuesta?	How much is it?	Rebajas	Sales
Efectivo	Cash	Tarjeta de crédito	Credit Card
Ganga	Bargain	Tienda	Boutique/Shop

Tipos de establecimientos

Camisería	Shirt shop	Comercio	Shop
Estanco	Tobacconist's	Farmacia	Chemist
Floristería	Florist's	Grandes almacenes	Department stores
Joyería	Jeweller's	Juguetería	Toyshop
Librería	Bookshop	Mercado	Market
Óptica	Optician's	Papelería	Stationer's
Pastelería	Baker's	Peluquería	Hairdresser's
Perfumería	Perfumery	Quiosco de prensa	Newsagent's
Relojería	Jeweller's	Supermercado	Supermarket
Tienda	Shop	Tienda de alimentación	Grocer's
Tienda de regalos	Gift shop	Tienda de deportes	Sports shop

Tiempo

Año	Year	Febrero	February
Día	Day	Marzo	March
Mes	Month	Abril	April
Semana	Week	Mayo	May
Ayer	Yesterday	Junio	June
Hoy	Today	Julio	July
Mañana	Tomorrow	Agosto	August
Lunes	Monday	Septiembre	Setember
Martes	Tuesday	Octubre	October
Miércoles	Wednesday	Noviembre	November
Jueves	Thursday	Diciembre	December
Viernes	Friday	Verano	Summer
Sábado	Saturday	Primavera	Spring
Domingo	Sunday	Otoño	Fall/Autumn
Enero	January	Invierno	Winter

Índice de lugares

SIGNOS CONVENCIONALES EN LOS PLANOS

Edificios de interés turístico

Otros edificios

Vía rápida de circulación

Calles peatonales

Parques y jardines

Hospital

Metro

Planos de la ciudad

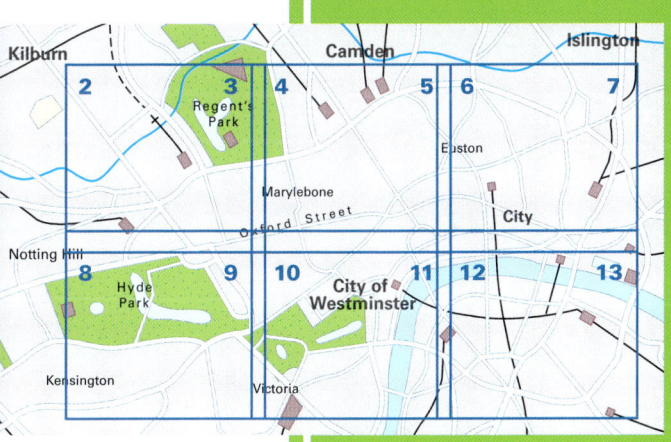

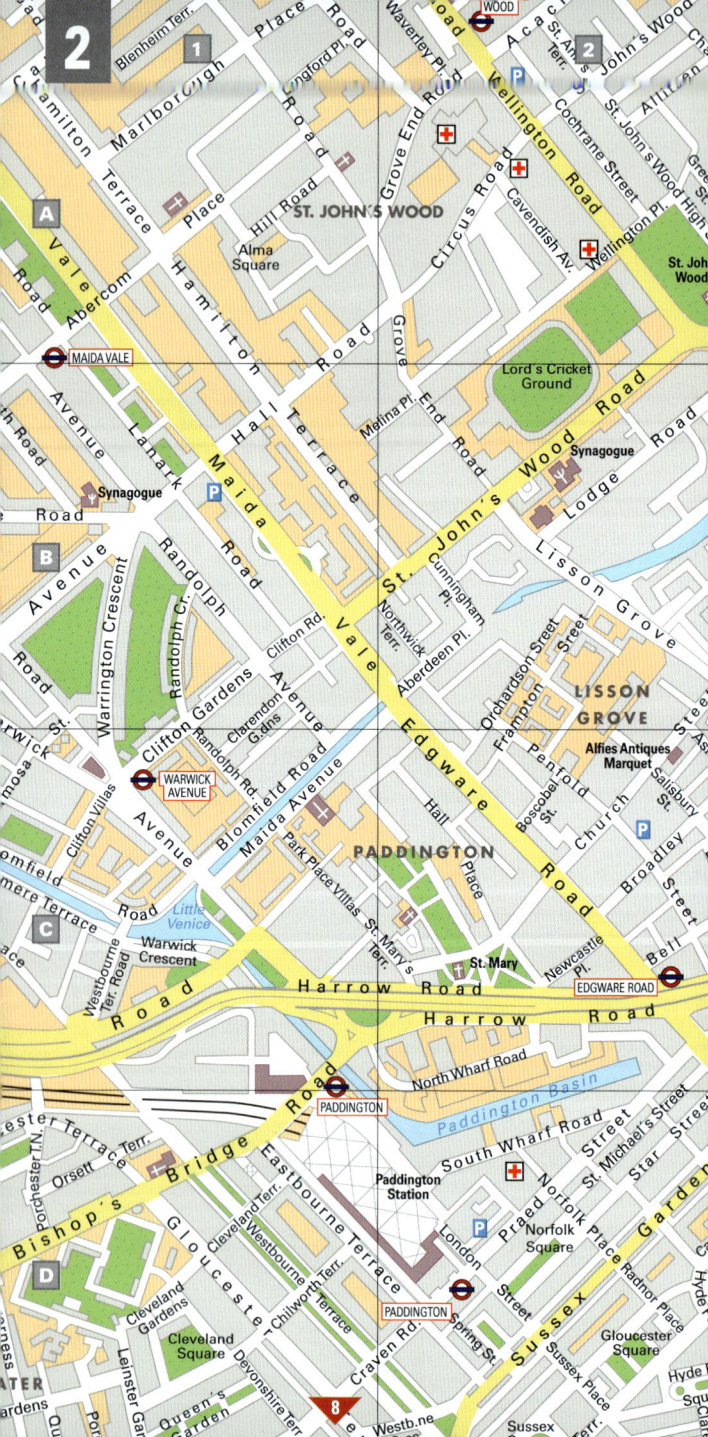

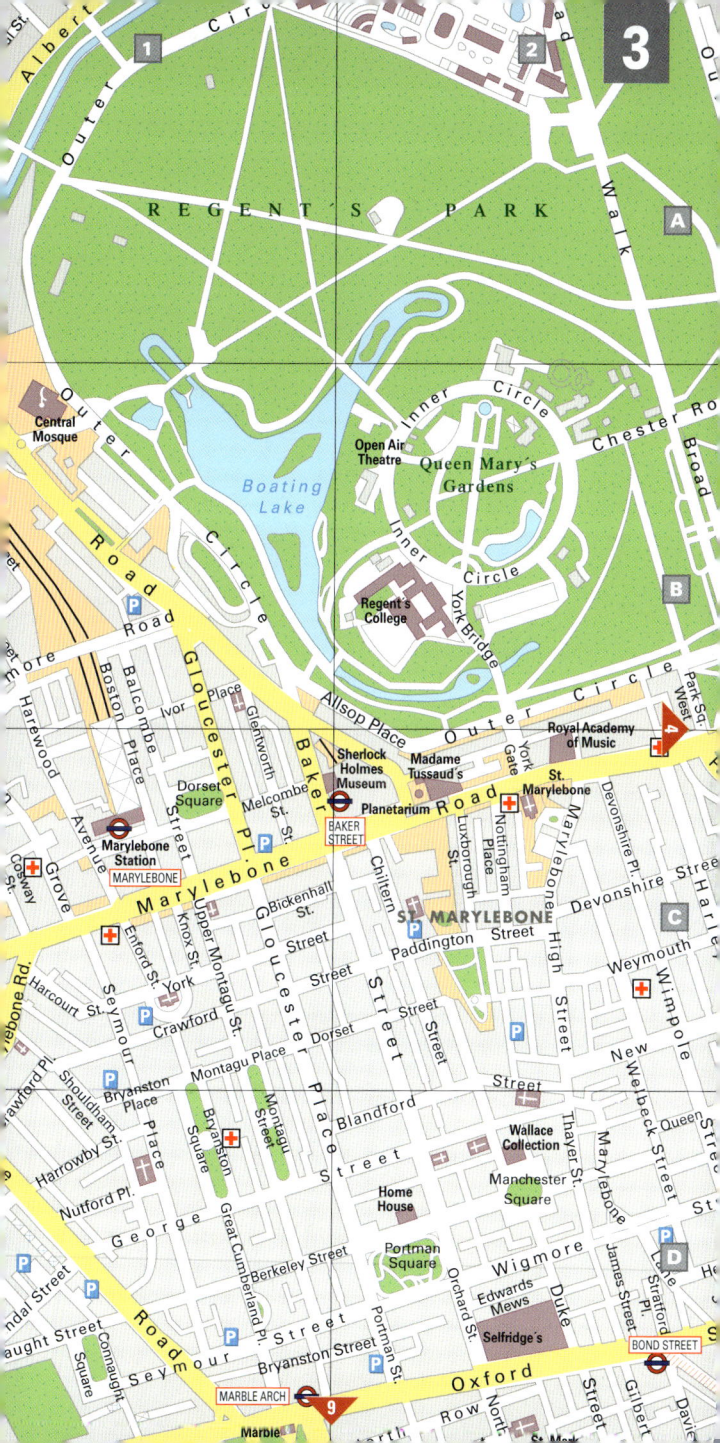

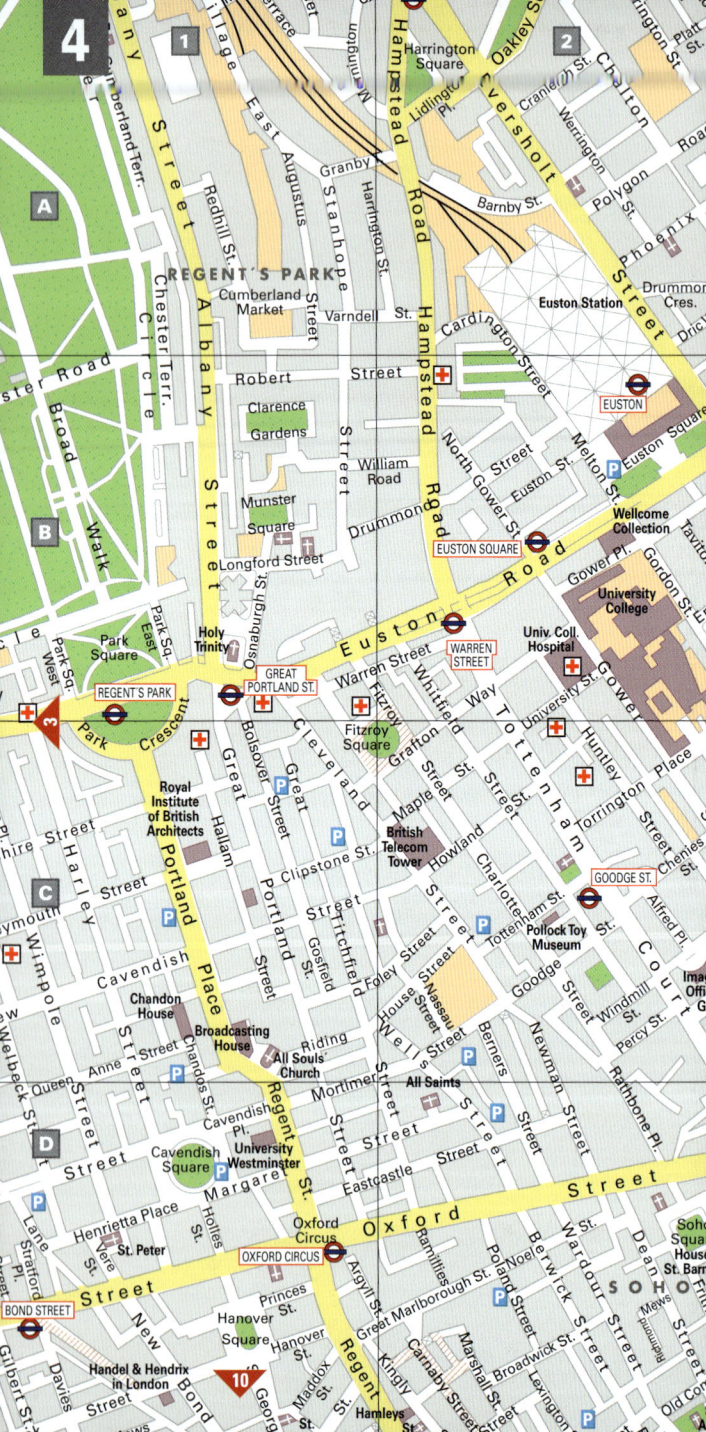

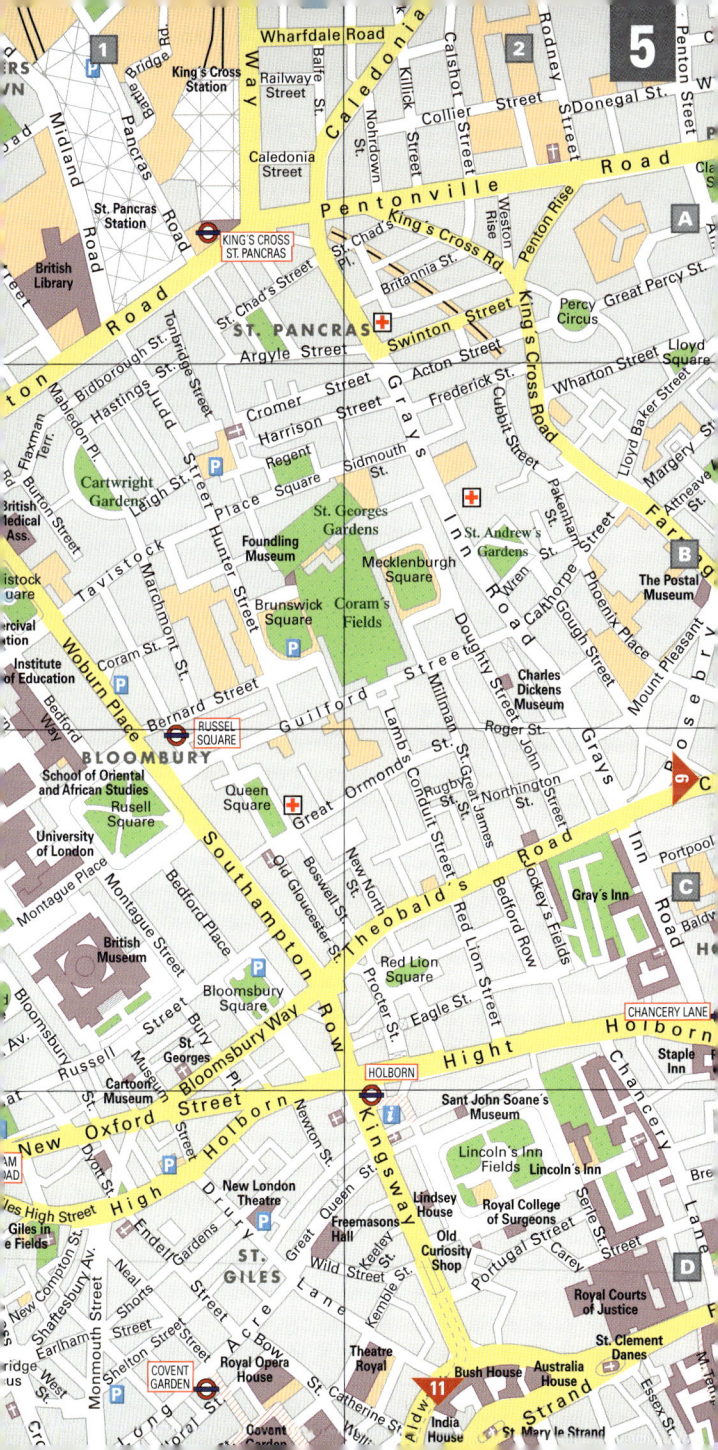

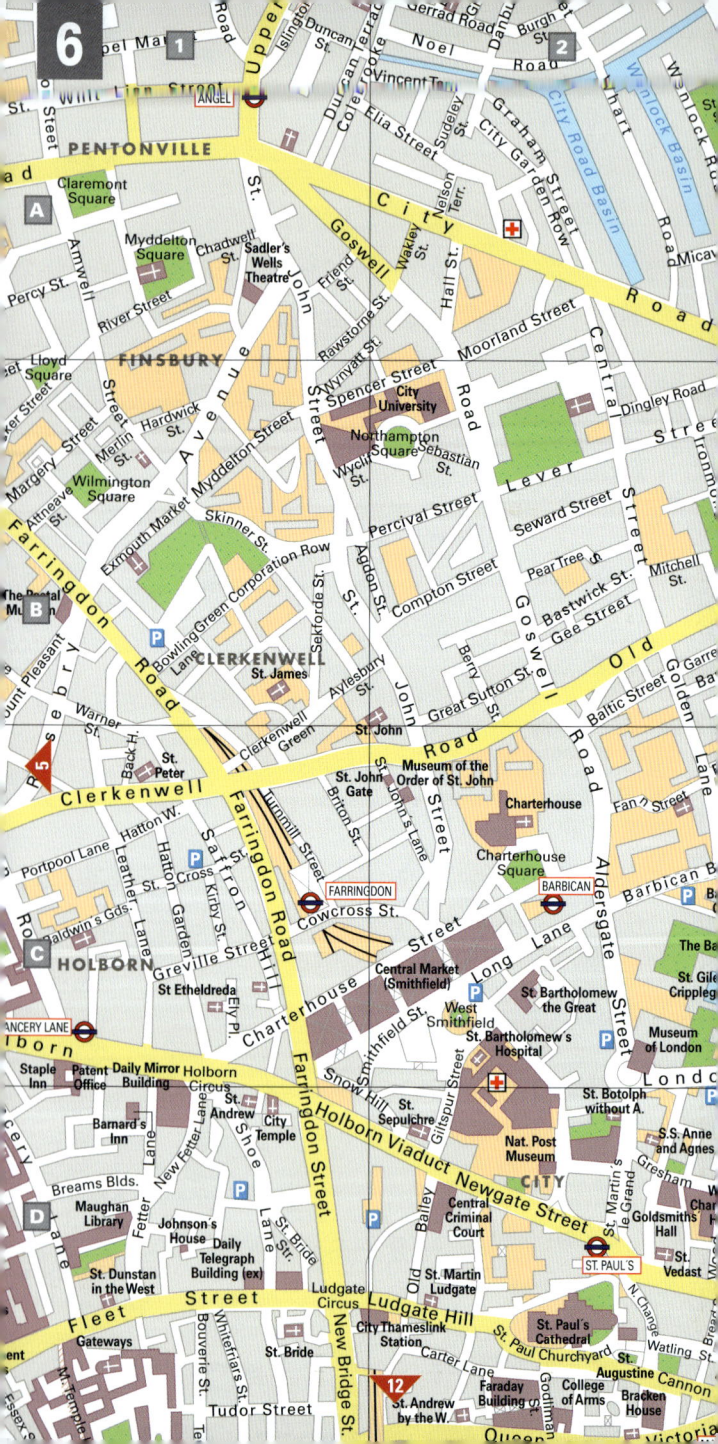

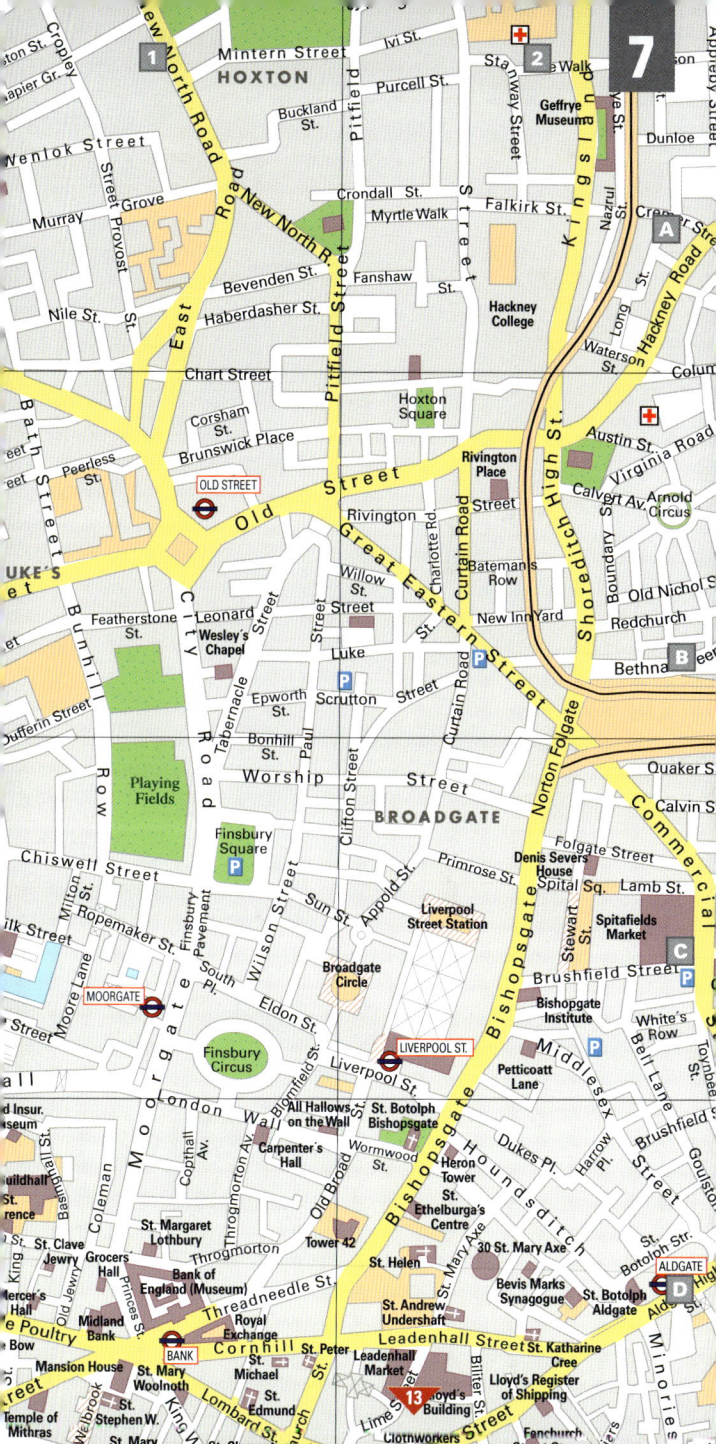

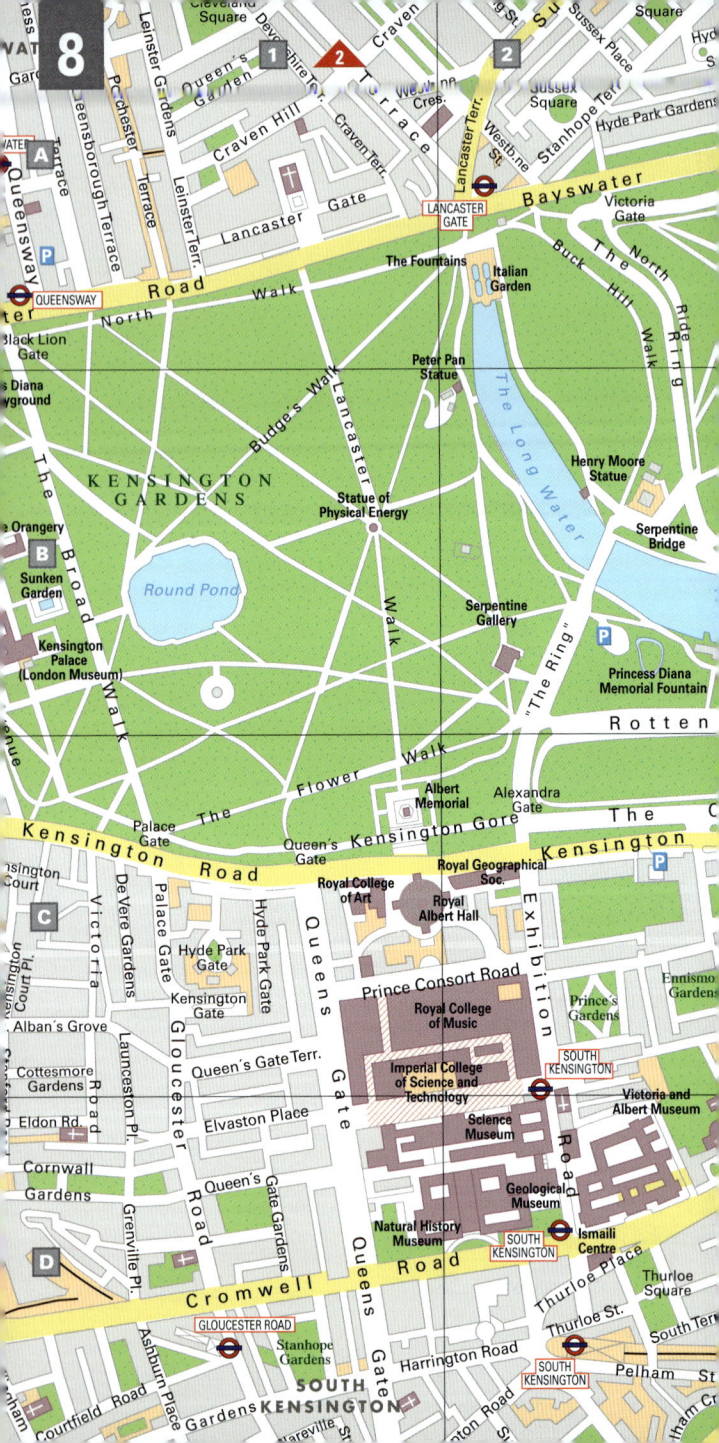

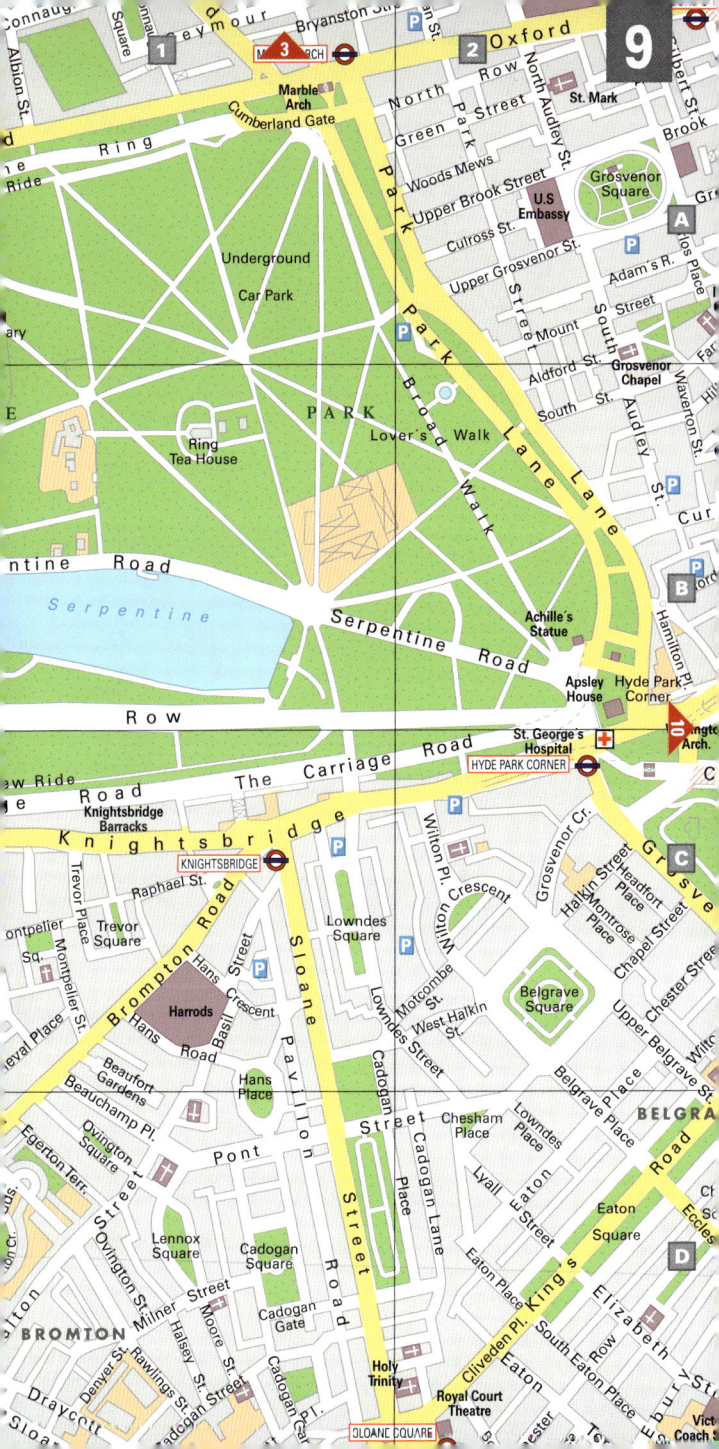

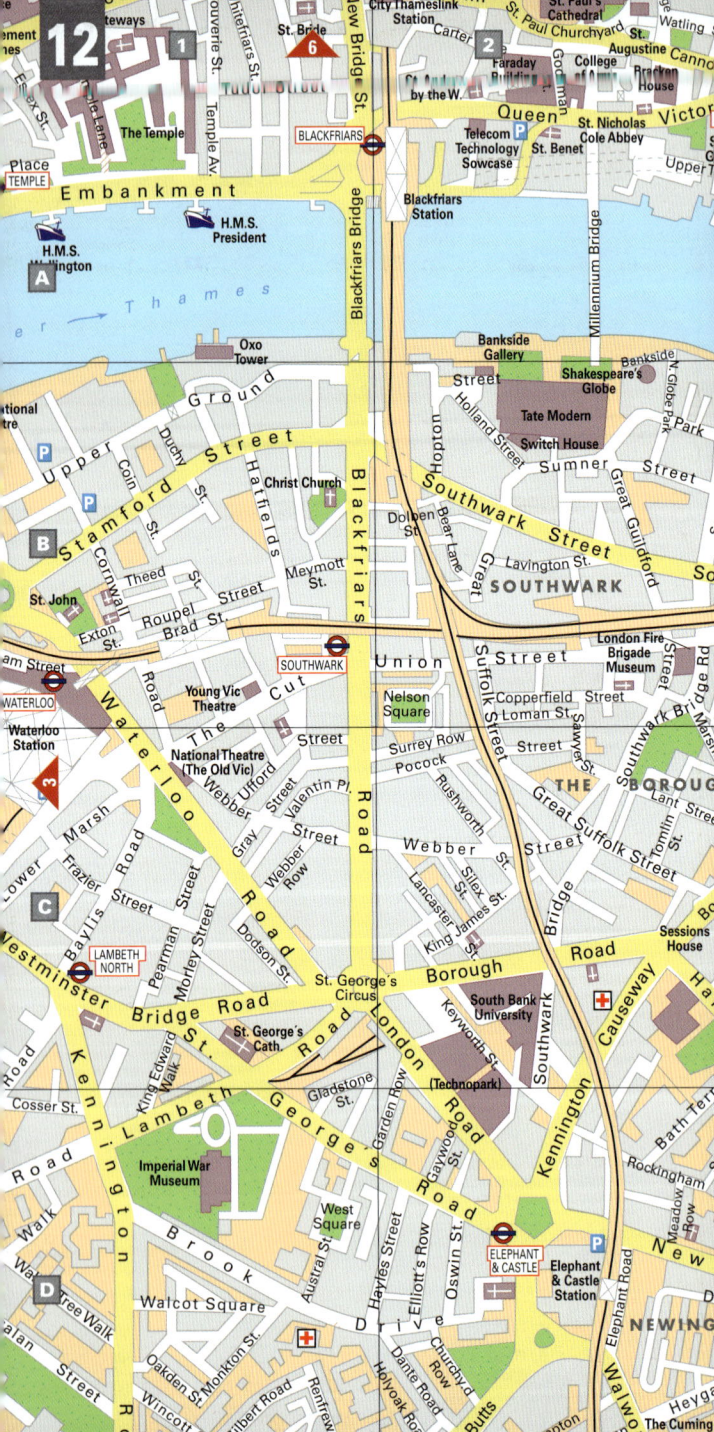